NOTICE HISTORIQUE

DE LA

Congrégation

des Religieuses

DE

Sainte=Marie de la Présentation

BROONS

Côtes-du-Nord

IMPRIMERIE OBERTHUR, RENNES

1909

NOTICE HISTORIQUE

DE LA

Congrégation des Religieuses

DE

SAINTE-MARIE DE LA PRÉSENTATION

BROONS (CÔTES-DU-NORD)

NOTICE HISTORIQUE

DE LA

Congrégation

des Religieuses

DE

Sainte=Marie de la Présentation

BROONS

===== Côtes-du-Nord =====

IMPRIMERIE OBERTHUR, RENNES

—

1909

A JÉSUS PAR MARIE

Religieuses de Sainte-Marie de la Présentation
BROONS (Cotes-du-Nord)

NOTICE BIOGRAPHIQUE

DE

Très Révérende Mère SAINT-ANDRÉ

26 Juillet 1810 - 26 Juillet 1886

SECONDE SUPÉRIEURE GÉNÉRALE

DE LA CONGRÉGATION

PIEUSEMENT DÉCÉDÉE

APRÈS AVOIR EXERCÉ CETTE CHARGE

PENDANT 48 ANS

1838-1886

Jésus a tout sacrifié pour notre amour; sachons nous sacrifier tout entières pour Lui. Ne désirons, ne demandons le repos que pour le Ciel. Que notre vie s'use au service de notre divin Sauveur, et que la mort nous trouve à l'œuvre.

(*Lettre circulaire, janvier 1884.*)

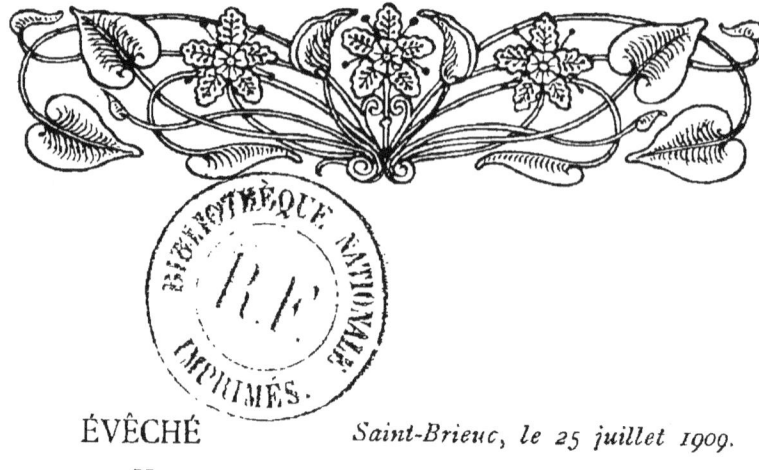

ÉVÊCHÉ 　　Saint-Brieuc, le 25 juillet 1909.
DE
Sᵗ-Brieuc & Tréguier

MES CHÈRES FILLES,

L'AN *dernier, à pareille époque, vous receviez la « Vie de M. Joachim Fleury », le Fondateur et le Père de votre famille religieuse, qu'une plume filiale avait écrite à votre intention.*

Dans quelques semaines, la « Vie de la Très Révérende Mère Saint-André » sortira des presses de l'imprimerie Oberthür.

Ce sera le deuxième volume de l'histoire de votre Congrégation, mes chères Filles, de cette histoire que vous aimerez à parcourir, car elle est remplie d'exemples pratiques; car elle vous montre, à chacune de ses lignes, que la protection de notre Mère du Ciel à l'égard de votre Congrégation a toujours été particulière, tendrement maternelle et efficace.

Elle est vraiment attirante la physionomie de notre Révérende Mère Saint-André, cette femme au cœur fort et généreux, cette Religieuse qui, dans toutes ses actions, voit et cherche le but à atteindre « pour la plus grande gloire de Dieu ». Son intelligence, son esprit vif, la distinction de ses manières lui présageaient une place brillante dans le monde. Mais Jésus l'appelait au grand honneur de devenir son Epouse. Ame noble et courageuse, patiente autant qu'ardente, elle triomphe de tous les obstacles qui s'accumulent pour l'empêcher de réaliser son pieux dessein.

En 1835, elle fait son entrée dans le Noviciat, pour le plus grand avantage de votre Congrégation.

Successivement Postulante, Novice et Professe, elle est pour vous toutes un modèle dans chacune de ces étapes de la vie religieuse.

Elle se penche souriante et dévouée vers les malades, ces membres souffrants de l'Eglise du Christ. Son intelligence cherche la connaissance des remèdes qui pourront les soulager; mais son cœur surtout sait mettre sur ses lèvres la parole qui compatit et console en élevant l'âme vers Dieu.

Les enfants! Comme la Révérende Mère Saint-André les aimait! Et quels moyens ingénieux sa charité maternelle savait trouver pour les intéresser en les instruisant! L'instruction et l'éducation chrétiennes attireront, pendant toute sa vie, son attention religieuse et ses préférences.

Toute jeune encore, elle devient Maîtresse des Novices. Le nombre de ses enfants était bien petit. Il s'accrut sous son énergique impulsion. Elle imprima fortement au Noviciat ce bon esprit religieux, cette simplicité digne et de bon aloi, cette force de volonté, cette énergie dans le sacrifice et le dévouement, cet oubli de soi-même quand il s'agit de faire du bien aux âmes qui caractérisent encore notre Noviciat d'aujourd'hui et que garde, avec un soin jaloux, en les adaptant aux exigences actuelles, la maternelle autorité qui le dirige.

La Révérende Mère Saint-André était âgée de vingt-huit ans lorsque la Congrégation la choisit pour devenir sa Mère. Pendant quarante-huit années, elle ne cessa pas d'accomplir cette fonction aussi importante que délicate.

Quel plus beau témoignage de l'estime et de l'affection filiale des Sœurs de Sainte-Marie de la Présentation pour leur Supérieure générale!

Mais comme elle méritait cette confiance unanime!

Rien n'échappe à son intelligente activité et à son zèle religieux.

C'est, après de nombreuses démarches, la vie de la Congrégation assurée au point de vue légal, la revision définitive de votre sainte Règle et son autorisation par l'autorité épiscopale, l'organisation complète du Noviciat, la demande d'un Aumônier pour la Maison-Mère, la création des Retraites annuelles, l'affiliation à l'Archiconfrérie de Notre-Dame des Victoires, l'établissement de l'Apostolat de la Prière et du Chemin de la Croix dans votre premier et modeste oratoire. Elle pense à tout ce qui peut animer, vivifier et promouvoir encore la piété de ses Filles.

La fondation d'un Orphelinat dans la Maison-Mère est son œuvre. Elle crée des écoles, des classes gratuites, un pensionnat : elle apporte tout son zèle à la préparation des Institutrices religieuses; si vive est sa compréhension du prix des âmes des enfants et l'absolue nécessité, pour elles, de l'Instruction chrétienne!

Dieu a béni ses efforts. Le nombre des Religieuses s'est accru. Quel bonheur pour la Mère de pouvoir donner ses Filles aux œuvres du zèle et du dévouement dans les paroisses des environs qui les réclament!

Mais les aspirations de son Apostolat ne sont pas encore satisfaites.

Des contrées plus déshéritées que notre Bretagne au point de vue de la foi demandent des « bonnes sœurs ». Et ses Filles, bénies par leur Mère, s'en vont fonder les premières maisons de l'Oise et du Berry. Leur Supérieure générale les suit par la pensée, les soutient par ses nombreuses visites et les encouragements de ses lettres fréquentes, mélange de douceur maternelle et de fermeté religieuse.

Puis, chargée d'années, plus chargée encore de mérites, la Révérende Mère Saint-André, qui n'a jamais connu le repos, tombe sur la brèche, souriant à la mort qui ne l'effraie pas : elle sait que la récompense attend Là-Haut l'Epouse qui a donné une nombreuse famille à son Epoux divin.

Vous lirez ces pages, mes chères Filles, avec l'émotion que j'ai ressentie moi-même : elles seront, pour vous, des exemples et un modèle pour votre vie religieuse.

La plume qui nous a retracé cette longue et belle vie a parlé, me dit-elle, « en toute simplicité ». N'est-ce pas, en littérature, la plus précieuse des qualités et la plus estimable ? Vous connaissez l'auteur, mes chères Filles, et sa modestie religieuse. Elle a écrit avec sa piété filiale, son cœur religieux et son grand désir d'être utile à sa chère Congrégation. N'est-il pas vrai que son but est atteint ?

Vous la remercierez par vos prières, comme elle remercie toutes celles d'entre vous qui, ayant vécu dans l'intimité de la Révérende Mère Saint-André, ont bien voulu lui fournir des détails précieux et lui donner leurs souvenirs personnels.

Autour de la figure de votre Supérieure générale rayonnent des physionomies que beaucoup d'entre vous ont connues. Ce sont les Sœurs qui ont aidé la Révérende Mère Saint-André dans sa tâche souvent ardue; puis les premiers Aumôniers de votre Congrégation.

Ils ont exercé leur action bienfaisante sous des modes différents mais concourant au même but : la conservation des pieuses traditions qui commencent à se fonder dans la jeune Congrégation, l'amour de la sainte Règle, le désir de développer successivement toutes les œuvres bonnes et religieuses.

Un prêtre dévoué, vraiment animé du zèle sacerdotal, laisse toujours son empreinte dans une Communauté, comme la vôtre, docile à ses enseignements.

Voici d'abord le jeune M. Réhel. Il ne fit que passer : Dieu le rappela vite dans son Paradis. Mais son angélique piété, ses entretiens et ses discours remplis de vues surnaturelles ont laissé dans les âmes des traces ineffaçables.

Deux frères : MM. Joseph et François Lemée lui succèdent :

Le premier, après quelques années, va recevoir la récompense que le Christ réserve à ses prêtres fidèles; sa dépouille mortelle repose, comme il en avait exprimé le désir, dans le cimetière de la Maison-Mère.

M. l'abbé François Lemée, sans négliger les intérêts spirituels des âmes qui lui sont confiées, déploie son activité et montre sa compétence pratique dans la surveillance des constructions devenues nécessaires par l'accroissement du nombre des membres et des œuvres de la Congrégation. Au bout de dix-huit ans, il est nommé à la cure de Plancoët et la Congrégation reçoit, comme Aumônier, M. l'abbé Mignonneau.

— XIV —

Prêtre distingué, âme ardente, intelligence d'élite, M. l'abbé Mignonneau devait marquer son empreinte dans la vie de la Communauté. Dieu lui avait mis au cœur le zèle de l'enseignement. Je l'ai connu et aimé; il fut mon maître dans notre chère Ecole Saint-Charles. Il avait la passion de l'étude, pour elle-même et pour les nobles satisfactions qu'elle procure; mais, surtout, parce qu'elle lui permettait de partager avec les âmes dont il était chargé le fruit de ses travaux. La régularité, vertu si importante dans une Maison-Mère, fut toujours une nécessité pour lui. En tout, il se montra le collaborateur dévoué du Supérieur ecclésiastique de la Congrégation.

M. le vicaire général Frélaut-Ducours! Quelle belle et magnifique figure sacerdotale!

Sa grande intelligence, développée par un travail soutenu et acharné, ses hautes capacités administratives, son noble caractère restent toujours appréciés de notre diocèse tout entier. Et quel bien n'a-t-il pas réalisé dans votre Congrégation qu'il aima tant ! Que de services il lui a rendus ! Sous ses allures qui semblaient parfois autoritaires, quel cœur, bon, aimant, généreux, riche et dévoué !

Vous vous en rendrez compte, mes chères Filles, en lisant ces pages que l'auteur a écrites avec un cœur filial et dans lesquelles vous trouverez, à chaque instant, la preuve de son affection sacerdotale pour ses Filles spirituelles, de son zèle, de son activité, de son admirable esprit de suite pour le développement de toutes les œuvres de votre famille religieuse.

Il m'a été bien agréable de revoir vivante la sympathique physionomie de votre Supérieur ecclésiastique : il m'est doux et bon de vous dire, en terminant, l'expression de ma reconnaissance personnelle envers M. le vicaire général Frélaut-Ducours qui fut mon Supérieur à l'Ecole Saint-Charles, en 1868, le Directeur de mon âme et de ma vocation sacerdotale et qui, pendant sa vie entière, m'a témoigné une bienveillance toute paternelle.

Agréez, mes chères Filles, l'expression de mon religieux dévouement en N.-S.

J. ALLO,
V. G. H. Supérieur.

Très Révérende Mère SAINT-ANDRÉ
(1810-1886).

PREMIÈRE PARTIE

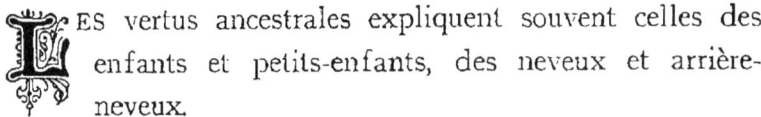

I

Mlle Petibon. — Ancêtres. — Enfance. — Education. — Séjour dans la famille jusqu'à vingt-cinq ans. — 1810-1835.

LES vertus ancestrales expliquent souvent celles des enfants et petits-enfants, des neveux et arrière-neveux.

Aussi, consacrerons-nous d'abord quelques lignes aux ascendants de la digne Religieuse dont nous essayons d'esquisser la biographie.

Le Ciel plaça le berceau de Révérende Mère Saint-André au sein de l'une de ces familles patriarcales, honneur du pays qu'elles habitent, et dont la foi vive et pure ne fut point ternie par le souffle orageux des mauvaises doctrines.

Le père, M. Petibon (ancienne famille Petibon de la Ville-Morvan), exerça longtemps, dans la petite localité, avec un tact et une intégrité remarquables, les délicates fonctions de juge de paix. La confiance des populations lui avait donné le titre et la charge de conseiller général.

La mère, Mme Petibon, née Angélique Maurice du Fresne, appartenait à l'ancienne famille des du Fresne citée dans l'histoire, au temps de Duguesclin. Un chevalier de ce nom était compagnon d'armes du grand Connétable.

Les ancêtres, venus d'Anjou à Broons, s'étaient alliés avec la famille de Méjanelle; ils avaient droit de sépulture en la chapelle du Rosaire de l'église paroissiale.

Un Maurice du Fresne était recteur de Saint-Cast, lors de la descente des Anglais en 1758. C'est lui qui reconnut l'arrivée, sur nos côtes, de la flotte anglaise et son débarquement, et fit avertir M. Rioust des Ville-Audrains, de Matignon, le héros de la bataille de Saint-Cast.

Le grand-père maternel de Révérende Mère Saint-André, M. François Maurice du Fresne, mourut à Broons, au mois de novembre 1820. Sa femme, dame Julienne-Anne Urvoit de Perqueven, était décédée, le 19 mars 1815, à l'âge de soixante-deux ans.

C'est à Mme Maurice du Fresne, née Urvoit de Perqueven [1] (grand'mère de Révérende Mère Saint-André), qu'est arrivé, vers 1793, le fait suivant :

Une bande de révolutionnaires fit un jour irruption en son domicile, et, avec une insolence égale à sa grossièreté, le chef de la bande lui dit : « Citoyenne, tu es accusée de pactiser avec les ennemis de la République; nous le voyons bien à ce christ couvert de fleurs de lys qui décore ta cheminée.

---

[1] Manoir situé en Plénée-Jugon.

» Pour te disculper, il faut que tu prennes le bonnet phrygien, que tu observes la décadie et non pas le dimanche, et que tu marches sur ce crucifix. »

Ce disant, les forcenés avaient saisi l'image du divin Crucifié et l'avaient jetée à terre.

Mme Maurice du Fresne répondit avec un grand calme et une fermeté toute chrétienne : « Mettez-moi votre chapeau, si cela vous fait plaisir; mais je continuerai de garder le dimanche, et jamais vous ne me ferez marcher sur l'image de mon Dieu. »

Etonnés de cette résistance, les bandits se concertèrent, puis arrachèrent les fleurs de lys d'or qui décoraient le crucifix et s'en allèrent.

Le crucifix, dépouillé de ses fleurs de lys, existe encore; il est la propriété de M. Fernand Piquet, arrière-petit-fils de dame Maurice.

A ce foyer chrétien, une nombreuse famille s'élevait dans cette atmosphère de foi profonde qui convient si parfaitement aux âmes rachetées par le sang d'un Dieu.

Pour elle, en ces temps douloureux, nul besoin de chercher au dehors les enseignements catéchistiques du culte proscrit : les parents avaient la grande sagesse de les distribuer à leurs enfants dans une large mesure.

Mais comment participer aux sacrements de la sainte Eglise?

Nous savons que Mlle Angélique Maurice, qui deviendra bientôt Mme Petibon, fit sa première communion dans la chapelle de Saint-Laurent-des-Lians, située dans la campagne, à trois kilomètres du bourg de Broons.

Les obstacles que l'âme doit vaincre pour accomplir son devoir, la préparent aux luttes de la vie, et l'affermissent dans ses convictions.

**

La seconde enfant qui vint réjouir la demeure de M. Petibon et de sa digne compagne naquit le 16 juillet 1810 et reçut au baptême les noms de :

MARIE-ANNE-FRANÇOISE-LOUISE.

En ouvrant ses bras et son cœur à cette faible créature, l'Eglise militante lui choisissait, dans les splendeurs des cieux, des modèles et des protectrices qui recevront bientôt, de leur protégée, un culte spécial de vénération et d'amour.

Bénissons cette heure fortunée où l'onde régénératrice créait une demeure agréable au Très-Haut. Dès cet instant, sans nul doute, Jésus abaissait, sur cette âme d'élite, un regard d'ineffable prédilection. L'ange qui la recevait en sa garde entrevit, on peut le croire, dans l'avenir, les beautés de cette chrétienne existence.

**

La petite Marie-Anne, qui croissait vite et jouissait d'une excellente santé, n'apportait d'abord, au foyer paternel, que joies et consolations.

Mais bientôt une inquiétude sérieuse vint peu à peu voiler de tristesse ces très légitimes espérances.

L'intelligence était éveillée et précoce : l'enfant comprenait, se rendait compte de tout ce qui l'entourait, mais sa langue restait muette.

La première année termina son cours, la seconde également, puis la troisième, et toujours les parents attendaient, mais en vain, de ces petites lèvres roses et si aimantes, un son articulé, un mot répondant à leur paternelle et maternelle affection.

Sans nul doute, des supplications nombreuses et ferventes montèrent vers le Ciel, implorant le Dieu libéral et magnifique en tous ses dons. Il coûte si peu à ce Maître souverain de commander à la nature, de compléter, au gré de ses désirs, ce qui nous apparaît imparfait et inachevé dans les ouvrages de ses mains puissantes autant que bienfaisantes.

L'épreuve ne se prolongea pas au delà de la quatrième année. Progressivement, la langue se délia, gardant, au début, quelque chose d'un peu lourd et embarrassé, léger défaut qui ne tarda pas à disparaître.

Plus tard, le souvenir de ce fait provoquait cette judicieuse remarque : « Cette religieuse qui devait si bien parler, commença par garder longtemps un complet silence. »

Mère Saint-André ne connut jamais la prolixité dans les paroles; toujours elle aima le silence; mais aussi souvent qu'elle dut parler, elle le fit avec une prudence et un tact admirables.

La suite de ce récit nous le montrera.

*
* *

Mme Petibon [1], chrétienne fervente et femme distinguée, ne voulut confier à personne le soin de la première éducation de ses quatre filles; elle s'en occupa elle-même avec la conscience de remplir un devoir sacré. Dieu bénit les efforts de sa tendresse et orna des qualités les plus précieuses l'âme de ses enfants dont elle pouvait dire, avec plus de raison encore que la romaine Cornélie : « Voilà mes bijoux ! »

Ce fut sur les genoux de sa mère que Marie-Anne Petibon apprit à élever vers Dieu son esprit et son cœur; ce fut à l'école de sa mère que son intelligence reçut les premiers éléments d'une instruction solide; ce fut sa mère qui déposa dans son âme les germes de cette piété éclairée qui devait, plus tard, porter de si beaux fruits.

Oh ! si toutes les mères de famille comprenaient ainsi l'importance de cette première éducation qui se fait au foyer domestique, combien de douleurs elles s'épargneraient sur la terre et quels trésors de mérites elles amasseraient pour le Ciel !

A l'âge de quinze ans, Marie-Anne Petibon fut envoyée par ses parents, afin de compléter ses études, à l'Institution Delaunay, dans la ville de Rennes. Elle y remplaçait sa sœur aînée, Angélique Petibon, dont les maîtresses gardaient le plus affectueux souvenir.

A cette époque où le pays, ébranlé, essayait de reconstituer, par l'ordre, ses forces morales, de nombreuses maisons

---

(1) Nous suivrons, en la complétant, une courte notice publiée, au lendemain des funérailles de la Vénérée Religieuse, par une main amie de la chère défunte et de sa Congrégation.

d'enseignement surgissaient dans les grands centres, et s'adressaient surtout aux classes élevées de la société.

Deux sœurs, les demoiselles Delaunay, avaient fondé à Rennes un pensionnat de jeunes filles où l'instruction et l'éducation, solidement chrétiennes, étaient poussées à un degré supérieur.

Les exercices de piété qui forment l'âme de l'enfant, les études qui développent son intelligence, le soin des pauvres qui dilate son cœur : tel était le programme suivi par les pieuses institutrices; elles n'épargnaient ni le dévouement, ni les sacrifices pour le remplir de manière à justifier la confiance des familles.

C'est, du reste, le programme encore suivi par toutes les maisons religieuses d'éducation, et c'est le seul qui soit en complète harmonie avec la nature humaine, car seul il donne satisfaction à tous ses besoins en développant harmonieusement toutes ses facultés.

Marie-Anne Petibon passa deux ans au pensionnat des demoiselles Delaunay.

Dans ce milieu privilégié, les aptitudes naturelles de la jeune pensionnaire furent cultivées avec un soin tout spécial. Son âme s'ouvrait d'elle-même aux effluves de la grâce divine, et sa piété fervente, solide, éclairée, la fit aussitôt distinguer parmi ses compagnes. Son esprit, vif et profond tout à la fois, fut bientôt orné de connaissances solides et variées. Mais ce qu'on remarquait surtout dans sa riche nature, c'était cette bonté séduisante, cette délicatesse exquise qui lui gagnaient tous les cœurs. Pour elle, la plus douce récompense était la liberté de faire du bien.

*
* *

Les relations de famille qui l'avaient attirée à Rennes l'y retenaient pendant une partie des vacances et lui procuraient l'avantage de jouir plus agréablement des jours de congé, en lui faisant retrouver, au sein de la grande cité bretonne, les tendresses qu'elle avait laissées dans sa petite ville de Broons.

Pendant ces jours que trop souvent la jeunesse consacre à des amusements frivoles, sinon dangereux, le grand bonheur de Marie-Anne était de donner un libre essor à la générosité de son cœur et de chercher des aliments à son ardente piété !

Par une touchante disposition de la Providence, elle se lia d'une sainte amitié avec une de ses compatriotes, religieuse de Saint-Thomas de Villeneuve, qui lui facilita l'accès des hôpitaux et la mit en rapport avec les Sœurs qui en avaient la direction.

Elles l'initièrent peu à peu à ces mille petits détails dont la connaissance est nécessaire à qui veut s'occuper avec succès du soin des malades.

Marie-Anne acquit également une foule de connaissances précieuses et pratiques dans les leçons que lui donnèrent les Filles de Saint-Vincent de Paul, ces admirables Sœurs qu'on rencontre partout où il y a une souffrance à guérir, une douleur à soulager.

S'instruisant ainsi à l'école du dévouement, Mlle Petibon se plaisait à suivre les Religieuses dans leurs visites charitables, compatissant avec elles aux souffrances des malheureux, et leur prodiguant secours et consolations.

Mais ces œuvres, si belles soient-elles, ne suffisaient pas aux aspirations de son âme. On voyait souvent l'ardente pensionnaire frapper à la porte des Communautés du Sacré-Cœur et de l'Adoration, et demander à de pieux entretiens les secrets de la vie contemplative, sommet de la perfection chrétienne.

C'est ainsi que la jeune fille faisait son apprentissage et que le bon Dieu la préparait pour l'avenir.

*
* *

Lorsqu'elle revint au foyer paternel, après avoir achevé son éducation et dit adieu à ses maîtresses dévouées, Marie-Anne Petibon avait dix-sept ans. C'était en 1827.

Une existence inactive ne pouvait convenir à sa nature ardente pour le bien. Aussi la jeune fille s'estima fort heureuse de trouver, en arrivant, l'occasion d'exercer les talents qu'elle venait d'acquérir et de pratiquer les vertus qu'elle avait appris à aimer.

Le vénérable M. Fleury, Curé de Broons, s'occupait d'établir une Congrégation ayant un double but : instruire les enfants, soigner à domicile les pauvres et les malades.

Quelle précieuse auxiliaire le Ciel lui envoyait! Et comme le bon Curé remercia la divine Providence quand il vit avec quelle ardeur la jeune élève de Rennes secondait son zèle et ses efforts! L'œuvre des enfants pauvres et l'œuvre des malades trouvaient une ressource précieuse dans cette jeune fille riche, pieuse, intelligente, charitable jusqu'à se priver elle-même afin de soulager les indigents!

Quel trésor pour la Communauté naissante si Dieu voulait y conduire cette âme si favorisée des dons de la nature et de la grâce!

*
* *

Au fond de son cœur, la pieuse jeune fille avait entendu l'appel divin. De ses plus ardents désirs, elle hâtait le moment heureux qui lui permettrait de répondre à ses intimes inspirations.

Mais que de combats à soutenir!

La tendresse maternelle s'épouvantait à la pensée de ce sacrifice volontaire et absolu auquel le monde n'était plus habitué.

L'autorité du père se dressa devant la jeune fille, lorsque celle-ci demanda très humblement la permission de se consacrer à Dieu dans la Congrégation dirigée par M. Fleury.

Sans doute, les parents ne voulaient pas refuser d'une manière définitive leur fille à l'Epoux céleste qui, seul, attirait son cœur; mais ils craignaient les illusions de l'inexpérience et les entraînements de la jeunesse. Plusieurs fois même, afin d'éprouver la solidité de sa vocation, ils lui proposèrent de la conduire dans une autre Communauté qu'elle choisirait librement, mais dont le passé, déjà ancien et bien connu, serait un garant de stabilité pour l'avenir.

A toutes les objections, à toutes les instances, Marie-Anne répondait que c'était à Broons, au milieu de ses compatriotes, que Dieu la voulait Religieuse, et qu'elle attendrait patiemment, sûre que son père et sa mère finiraient par se conformer à la volonté divine.

Pendant huit années consécutives, la jeune aspirante au noviciat dut subir une série d'épreuves bien douloureuses pour son affection filiale.

Mais que ne peut l'énergie de la volonté soutenue par la grâce d'En-Haut?

Insensible aux séductions du monde, qui cherchait en vain à captiver son cœur, et de plus en plus pénétrée de

Maison de M. et Mme PETIBON.

la certitude de sa vocation, Marie-Anne ne demanda de consolations qu'à la prière. Elle pria beaucoup et fit beaucoup prier. Elle multiplia ses aumônes et ses soins affectueux aux pauvres et aux malades.

A partir de 1832, on la vit plusieurs fois la semaine se rendre à la maison de « *la Croix Rouge* ». Il lui était agréable et salutaire de s'entretenir avec les Sœurs des grâces de leur saint état, de les aider à confectionner et à réparer des ornements d'église.

Marie-Anne excellait dans la préparation des fleurs artificielles. A cause de leur pauvreté, ses nouvelles amies étaient obligées de les fabriquer en papier. Elle peignait le papier et faisait peindre de la filasse pour « *barber* » les fleurs.

Ainsi s'écoulaient, saintement employées, les longues années d'attente.

Afin de se donner à Dieu dans toute la mesure du possible, la future Religieuse émit, avec l'autorisation de son directeur, le vœu privé de chasteté. Que sa sainte âme nous pardonne de révéler ce détail dont elle ne parlait qu'en des confidences intimes ! Son humilité n'en souffrira pas, car la gloire en revient à Dieu qui lui en inspira la pensée.

**

Cette persévérance devait triompher de tous les obstacles.

Son père, homme énergique et chrétien convaincu, ne prolongea pas sa résistance au delà de l'âge que lui-même avait désigné comme terme de l'épreuve : vingt-cinq ans.

Sa mère, femme d'une foi vive, comprit que de plus

longues hésitations seraient une révolte contre les intentions de la Providence. « Mon Dieu, dit-elle, pour l'expiation de mes péchés, j'accepte cette séparation qui me coûte tant ! »

Tous deux, s'élevant au-dessus des considérations terrestres, persuadés que leur sacrifice recevrait une récompense d'autant plus grande qu'il leur coûtait davantage, et aimant leur fille d'une affection désormais surnaturelle, permirent à Marie-Anne d'obéir à l'appel divin, et la conduisirent à l'entrée de l'humble noviciat qui devait la préparer à la vie relgieuse.

C'était un vendredi. Par ce choix, la pieuse Amante de Jésus voulut unir davantage son oblation à celle du Divin Crucifié.

II

Postulante. — Novice. — Professe. — Institutrice. — Infirmière. — Maîtresse des Novices. — 1835-1838.

POSTULAT

(15 Septembre 1835 — 1ᵉʳ Octobre 1836).

MADEMOISELLE Petibon connaissait la Communauté et ses œuvres; il lui fut donc facile, dès son arrivée, de suivre en toutes ses prescriptions le règlement du Noviciat.

Avec une grande ardeur, la généreuse postulante s'appliquait aux pratiques de cette vie religieuse souhaitée depuis si longtemps. Aucun détail ne lui échappait; tout travail lui était agréable; nul emploi ne lui paraissait trop petit ou indifférent.

A ses moments de loisir, elle aimait à filer au rouet. On la vit souvent, dans l'une des salles communes de la Maison-Mère (Saint-Basile), se livrer à cette occupation si répandue chez les compatriotes de Duguesclin.

Un jour, saintement recueillie, elle épuisait peu à peu sa quenouillée de lin et tournait diligemment son rouet, lorsqu'elle reçut une visite fort inattendue.

Le monde, qu'elle avait quitté si généreusement et après avoir beaucoup prié, beaucoup réfléchi, ne comprenait pas une telle détermination chez une jeune fille qu'il voulait encore compter pour sienne.

Or, un jeune homme riche et possédant une position brillante avait insisté pour obtenir une entrevue avec Mlle Petibon.

La Supérieure générale, qui connaissait la jeune fille confiée à sa garde, et ne voulait, d'ailleurs, que l'accomplissement de la volonté du bon Dieu en toutes choses, jugea qu'elle pouvait accéder à ce désir; elle demanda seulement que la postulante eût une compagne, ainsi qu'il convenait en la circonstance.

L'entrevue se passa telle qu'on pouvait le prévoir : brève, digne, sans l'ombre d'une hésitation.

Levant à peine les yeux sur le jeune homme qui prétendait à sa main, non sans offrir de sérieux avantages pour le présent et pour l'avenir, Mlle Petibon témoigna une profonde estime pour lui et pour son honorable famille; mais le bon Dieu lui assignant une autre destinée et la voulant toute à Lui, elle devait répondre à cet appel divin et se vouer à la prière et au dévouement.

On assure que le jeune homme se retira édifié par la fermeté et la piété dont il venait d'être le témoin. Son insuccès ne demeura pas tellement secret qu'il ne transpirât au'dehors, ce qui prévint désormais toute nouvelle tentative de ce genre.

« J'ai sous les yeux, nous écrit une de nos Sœurs de la Maison-Mère en mai 1909, le rouet de Notre Révérende Mère Saint-André, instrument béni qui nous rappelle de bien doux souvenirs. N'est-ce pas lui en effet qui, au commencement de la Congrégation, était à sa façon un des gagne-pain de notre petite famille religieuse ? On voit bien à son usure qu'il n'a pas toujours été au repos comme il l'est aujourd'hui.

» Nous gardons avec soin cette précieuse relique, et il m'est doux d'en donner ici la description, bien incomplète sans doute, mais on voudra bien pardonner ce qui pourrait être oublié.

Rouet de Révérende Mère Saint-André.

» Quelques pièces principales manquent : c'est le porte-fuseau, petite baguette de fer sur laquelle s'emboîte le fuseau, et une sorte de fer à cheval armé de petites dents de fer qui servent à diriger le fil sur le fuseau. Restent ses deux supports, petites colonnettes où s'appuyaient ses deux extrémités.

» J'y vois le porte-quenouille et la roue supportée par deux bras. Cette roue est mise en mouvement par une pédale semblable à celles des machines à coudre. Pour cela, il suffit de l'entourer d'une double corde qui rejoint le porte-fuseau; l'instrument, avec l'aide du pied, tourne à une allure proportionnée au mouvement qu'on veut lui donner.

» J'y trouve encore la clef, placée à l'extrémité opposée à la roue; elle retarde ou accélère le travail.

» Rien n'est oublié, pas même la petite boîte recouverte d'une plaque et placée au milieu de l'appareil, où la fileuse peut mettre l'huile et tout ce qui est nécessaire au bon fonctionnement de la machine.

» Le tout est soutenu par trois pieds; l'un est vertical et les autres obliquent, l'un à droite, l'autre à gauche, laissant ainsi à la roue un passage et toute facilité pour se mouvoir.

» Telle est, en raccourci sans doute, mais comme je sais la faire, la description du rouet que j'ai sous les yeux. »

*
* *

Grâce à son instruction très soignée, Mlle Petibon rendit de bonne heure d'importants services. La Maîtresse des novices la chargeait de donner des leçons à ses compagnes, et, au besoin, l'envoyait remplacer la maîtresse de la première classe.

L'intelligente postulante s'y prêtait avec bonheur et réussissait dans tout ce que l'obéissance lui confiait.

Mais sa grande préoccupation, on le comprend, était sa formation religieuse proprement dite : l'affermissement et le développement en son âme de l'amour du bon Dieu et des vertus les plus agréables à ce divin Maître.

Sous la pieuse direction de Mère Saint-Joachim, les réunions du noviciat se tenaient alors dans l'appartement qui devint bientôt le secrétariat, et garda cette dernière destination pendant de longues années, jusqu'en 1896.

NOVICIAT

(1er Octobre 1836 — 26 Août 1837).

Après un an de postulat, la fervente jeune fille fut admise à la vêture religieuse.

C'était à la fin d'une retraite donnée par M. Duval du Chesnay, chanoine de la Cathédrale de Saint-Brieuc, et professeur de théologie au Séminaire du même diocèse.

Délégué par Monseigneur Le Groing de la Romagère, M. Duval du Chesnay présida cette cérémonie, qui se fit avec une grande simplicité.

Mlle Petibon eut pour compagnes de vêture : Sœur Anne et Sœur Adèle.

Etaient présents : le Révérend Père fondateur, M. Fleury, avec ses deux vicaires, M. Guessant et M. Chevillon, et la Communauté composée de vingt membres.

La nouvelle Novice continua l'étude de la règle religieuse et le travail constant qui venaient de remplir les jours de son postulat.

Comme les autres novices, ses compagnes, elle s'employait aux divers ouvrages qui s'imposaient dans la Congrégation naissante.

Aux jours de lessive, la maîtresse l'envoyait au lavoir, afin qu'elle s'occupât du linge et le mît à sécher.

A l'approche des retraites, alors qu'on préparait la plume pour confectionner les couëttes, la jeune Sœur y donnait ses soins comme les autres, pendant des journées entières. Cependant, l'odeur de cette plume chauffée la gênait beaucoup, et ce travail lui causait une grande fatigue. Jusqu'ici, son genre de vie l'avait si peu accoutumée à ces durs labeurs !

En revanche, son éducation première, au pensionnat et dans la famille, l'avait initiée à un grand nombre d'utiles connaissances que la charitable Novice se faisait un plaisir de communiquer à ses compagnes.

Mais avant tout, elle avait à cœur de parfaire sa formation religieuse commencée depuis si longtemps.

Avec quelle vigilance ardente elle s'efforça de surnaturaliser son travail, d'établir dans son cœur le règne de toutes les vertus? L'avenir le révélera.

Docile à la grâce si abondamment départie en ces heureuses années de formation, la fervente Novice offrait au Ciel le ravissant spectacle d'une âme toujours prête à réaliser les vouloirs divins.

« Me voici, Seigneur, car vous m'avez appelée. — Mon Dieu, que voulez-vous que je fasse? »

Telle était son habituelle disposition, comme en témoignent les récits que nous ont faits souvent ses compagnes du Noviciat.

PROFESSION

(26 Août 1837).

Il passa vite le temps d'essai sagement imposé par l'Eglise, avant de consacrer leur oblation, aux âmes que l'Epoux céleste veut siennes pour le temps et pour l'éternité !

Le terme en arrivait pour l'âme privilégiée dont nous esquissons la vie. Chez elle, il avait été vraiment salutaire, riche en faveurs célestes.

Une fervente retraite acheva de préparer l'holocauste.

Le 26 août 1837 fut la date fixée pour cette consécration.

Depuis dix ans, l'humble aspirante l'appelait de tous ses vœux.

« Comme le cerf altéré soupire après les sources d'eau vive, de même mon âme s'élance vers vous, Seigneur !

— Venez, Jésus, ne tardez plus !

— Que vos tabernacles sont aimables, ô Dieu des vertus ! Un seul jour qu'on y passe vaut mieux que mille au palais des mondains... »

L'heure sublime approchait.

Jetons un regard en la modeste chapelle récemment construite.

L'année précédente, Monseigneur Le Groing de la Romagère daigna la bénir solennellement et la doter de précieuses faveurs, seule richesse de l'humble sanctuaire.

Pour tout mobilier, il possédait un autel qui n'était pas une œuvre d'artiste, mais le très simple travail de M. l'Abbé

Guessant, auxiliaire dévoué de M. Fleury. C'était une sorte de bas-buffet peint en noir, sur lequel on plaçait des gradins, avec un tabernacle au milieu.

Au-dessus de l'autel se trouvait le portrait de la Vierge[1] qui orna l'Oratoire primitif, et devant lequel plusieurs des premières Sœurs de Sainte-Marie de la Présentation prononcèrent leurs vœux de religion.

Les stations de la Voie douloureuse étaient représentées par de modestes images coloriées en noir, bordées d'un liséré de papier noir et surmontées d'une petite croix de bois.

Il n'existait point de chaire; c'est de l'autel que le prédicateur devait annoncer la parole de Dieu à son auditoire.

Le Jésus de la crèche devait sourire à la pauvreté de ses humbles servantes!

Mais son Cœur se penchait surtout avec amour vers la fervente Novice qui l'adorait, agenouillée à la Table Sainte, abîmée dans un profond recueillement.

Et près d'elle, deux compagnes de bonheur : Sœur Anne et Sœur Adèle.

Bientôt, avec la plus vive ferveur, Marie-Anne prononçait sa formule de consécration en présence du Dieu de l'Eucharistie; puis, se rendant au trône[2] de la Vierge, Reine

---

(1) Ce tableau se voit aujourd'hui à la salle Sainte-Scholastique, mais très diminué. Primitivement, ce portrait de la Vierge était entouré d'une gracieuse guirlande de roses.

(2) C'était, en ce jour, un trône que l'on dressait provisoirement pour les cérémonies de profession.

A ce provisoire succédera bientôt une ornementation permanente : une belle Vierge, au visage souriant, au blanc vêtement, reposera sur un petit autel, à cette même place, entre le sanctuaire et la première croisée donnant sur la cour.

Nous devons cette Vierge à la délicate bonté de Mme Simons, l'une des bienfaitrices de la Maison de Mers. Ayant remarqué combien

du Ciel et Patronne de la Congrégation, l'heureuse Professe continuait :

« Vierge Marie, je vous offre ma profession, vous suppliant de l'offrir vous-même à Jésus-Christ, votre divin Fils, mon Sauveur et mon Epoux. Daignez lui demander pour moi le grand don de la persévérance. »

Immédiatement, au registre de Communauté ouvert sur le petit autel, aux pieds de la statue de Marie, la nouvelle Epouse du Christ signait son acte de profession.

Quelle ferveur remplissait alors l'âme de l'heureuse professe ! Quels élans d'amour s'échappaient sans cesse vers son Dieu !

Sans doute, elle redisait avec sainte Gertrude : « Mon Dieu, mon Unique et mon Tout, vous êtes tout à moi, et je suis toute à Vous !... »

M. Duval du Chesnay, prédicateur de la retraite, présidait cette cérémonie.

Y assistaient : M. le Curé de Broons, fondateur de la Congrégation, et ses deux vicaires : MM. Guessant et Chevillon.

Après la fête religieuse, un frugal déjeuner réunit les Prêtres désignés ci-dessus, Mme Petibon et les nouvelles Professes.

---

cette statue plaisait à la Révérende Mère Saint-André, alors que celle-ci visitait une des chapelles de Châteauroux, cette excellente chrétienne se fit un bonheur d'adresser une semblable Vierge à notre Communauté.
Cette Immaculée orne maintenant l'Oratoire du Noviciat, après avoir présidé longtemps les études des jeunes institutrices (salle du Sacré-Cœur). Dans cette dernière salle, appelée aujourd'hui *Saint-Luc*, est resté le socle ou petit autel ; il sert de piédestal à la charmante statue de la Vierge-Mère qui veille sur nos chères malades, au réfectoire de l'infirmerie des Religieuses.

Pendant le repas, qui se fit à la salle Saint-Basile, M. Fleury, s'adressant à Mme Petibon : « En ce beau jour, lui demanda-t-il, êtes-vous contente du sacrifice que vous offrez à Dieu en la personne de votre fille ? — Oui, répondit cette vraie chrétienne ; j'en suis très heureuse ! »

INSTITUTRICE, INFIRMIÈRE

Jusqu'alors, les vertus et les talents de Mlle Petibon avaient brillé dans toutes les phases de sa vie.

Élève à Rennes, l'enfant était le modèle de ses compagnes ; jeune fille à la maison paternelle, elle faisait le bonheur de sa famille et l'édification de la paroisse ; postulante et novice à la Communauté, sa seule présence excitait à la ferveur, à la pratique des vertus dont son âme était ornée.

Mais après l'émission des vœux de religion qui la donnaient complètement au Seigneur et assuraient sa chère vocation contre les incertitudes et les contradictions, cette Religieuse si bien douée se trouva tout à fait dans son élément, et cette liberté d'action amena une plus grande force pour le bien. Tout ce que l'on admirait en elle reçut, pour ainsi dire, une nouvelle consécration, un accroissement extraordinaire. Chaque jour, on lui découvrait des qualités qu'on ne lui connaissait pas encore, des aptitudes restées jusque-là dans l'ombre.

Son noviciat terminé, Mère Petibon eut plus de facilité et plus de temps pour s'occuper des classes. Elle se montra aussi dévouée que ferme pour faire réussir les études.

Des Sœurs ont redit avec reconnaissance l'application apportée, par cette habile maîtresse, afin de donner à ses élèves de bons principes en toutes les branches de l'enseignement, pour corriger leurs défauts dans la tenue en général, dans la prononciation, l'écriture...

Bornons-nous à quelques remarques sur l'enseignement de la lecture et de l'écriture.

Nous les devons à la plume obligeante d'une Religieuse qui vécut de longues années près de la Révérende Mère Saint-André.

« Notre Mère employait d'ingénieux moyens pour corriger les défauts de prononciation. Qui ne se souvient des petits cailloux gardés, par ses conseils, dans la bouche afin d'obtenir une parfaite articulation ?

» Combien de fois, avec une patience inlassable, elle obligeait de répéter la syllabe défectueuse ?

» Dans l'enseignement de l'écriture, la vénérée Mère demandait : 1° une grande application à la tenue du corps, du cahier, de la main ; 2° un effort soutenu pour reproduire le modèle donné.

» Souvent elle remettait aux novices le dernier cahier de la méthode Bouilly, recommandant toutefois de ne pas abuser des différents genres d'écritures, qui s'y trouvent uniquement pour donner du délié à la main.

» Elle voulait une écriture nette, sans lettres de fantaisie, et appuyait beaucoup sur la méthode. Il n'était pas rare d'obtenir, par ses soins, la réforme d'une mauvaise écriture.

» Les inspecteurs louaient son habileté dans l'éducation et l'instruction des enfants, et notre Révérend Père Fondateur jouissait du renom acquis à nos petites écoles par le zèle et les talents de cette vénérable éducatrice. »

*
* *

Dès son enfance, Mlle Petibon aimait beaucoup les pauvres. Pendant qu'elle vivait dans sa famille, sa charité la portait à leur préparer des vêtements, à les visiter dans leur demeure où la vue de leur misère accroissait, en son âme compatissante, le désir de les soulager.

Elle soignait les panaris et différentes plaies, ayant acquis des connaissances pratiques au pensionnat et près des Sœurs de Saint-Vincent de Paul.

Elle aimait et elle pouvait enseigner les différents travaux qui conviennent à une jeune fille : broderie et tapisserie en tous genres, couture, cuisine, pharmacie.

Mère Petibon avait la préparation nécessaire pour tout enseigner aux novices.

La bonne Sœur Françoise se plut à redire que la Mère Générale l'avait formée à la cuisine, lui montrant aussi bien à soigner le pot-au-feu qu'à réussir les sauces et les différents desserts, à préparer le lait pesé, les crèmes, les pâtisseries...

Ma Sœur Perrine et ma Sœur Fébronie ont raconté également qu'elle leur apprenait à façonner le beurre pour les repas de cérémonie, à mettre le couvert, à plier les serviettes avec une élégante harmonie et sous des formes variées.

MAITRESSE DES NOVICES

(1er Novembre 1837 — 27 Août 1843).

Mère Petibon était professe depuis quelques mois seulement, quand le vénérable Fondateur lui confia une difficile mission : celle de former à la vie religieuse les jeunes filles que la main du bon Dieu dirigeait vers l'humble Maison de Broons.

Avec sa foi vive, la nouvelle Maîtresse vit l'importance de la charge que l'obéissance lui imposait, elle s'y dévoua tout entière.

Jusque-là, les travaux de la Maison avaient réclamé le concours des novices et des postulantes, qui se trouvaient, disséminées, pendant le jour, dans tous les emplois.

Il fallait cependant veiller à la formation religieuse de toutes, à l'instruction de toutes et surtout des futures institutrices.

La zélée Maîtresse arrangea les choses de manière que le concours des postulantes converses suffit aux travaux habituels de cuisine, jardinage, buanderie et autres.

Cette mesure lui permit de réunir les postulantes et novices de chœur dans la chambre dite alors du Saint-Cœur de Marie [1].

Un sage règlement fut établi et suivi avec ponctualité. Après les exercices de piété et le déjeuner, qui réunissaient novices et professes, les novices de chœur mettaient ordre et propreté dans toute la maison, puis se rendaient en classe. Elles formaient deux divisions : la Maîtresse instruisait surtout les plus avancées; les autres travaillaient sous la direction d'une monitrice.

Entre les classes, novices et postulantes s'occupaient d'ouvrages manuels : couture, raccommodage, broderie... Chacune à son tour secondait ou remplaçait la Maîtresse au pensionnat et dans les classes.

A six heures du soir, toutes, Sœurs converses comprises, se retrouvaient pour un exercice spirituel que présidait la Maîtresse.

---

[1] C'est la plus rapprochée de l'ancienne chapelle; elle a servi, depuis, d'annexe aux infirmeries.

« Le dimanche, écrit l'une de ses novices, notre vénérée Mère nous expliquait une leçon de catéchisme, et le samedi suivant nous la récitions. Les autres jours, cette heure si précieuse se passait en pieuses conférences. Souvent la Maîtresse demandait compte de la méditation du matin, des lectures faites, des instructions entendues...

» Elle nous enseignait la grande science de l'Oraison ; elle en développait la méthode d'une manière simple, facile à comprendre, exigeant ensuite, de notre part, une étude sérieuse, approfondie du sens littéral.

» A onze heures, pendant le travail manuel, nous lisions l'histoire de l'Eglise.

» Habituellement, nous nous promenions avec la Communauté. Néanmoins, il arrivait souvent que notre bonne Maîtresse nous conduisît visiter quelque malade.

» Nous y trouvions un double profit : instruction et édification.

» Dans ces courses, notre pieuse Mère nous édifiait beaucoup par son recueillement, et par le soin qu'elle mettait à nous rappeler la présence du bon Dieu.

» Elle portait toujours un petit livre intitulé : *Le saint exercice de la présence de Dieu*, par le R. P. Vauvert, S. J. Elle nous en lisait quelques alinéas pour nourrir notre âme, pour nous habituer à voir Dieu présent partout et en tout, et particulièrement dans ses membres souffrants.

» Rendue près du malade, point de discours inutiles, mais ce qui regardait la maladie, avec quelques paroles de consolation et d'encouragement. Puis, grand soin de ne pas perdre un instant : la digne Mère préparait remèdes et tisanes, pansait les plaies, expliquait le traitement ordonné par le médecin... Puis elle quittait, et revenait dans le même recueillement.

» Inutile de faire remarquer combien ces visites impressionnaient favorablement les novices. Outre qu'elles les initiaient à leur future mission, elles leur apprenaient à goûter le bonheur de faire du bien aux membres souffrants de Jésus-Christ.

» De retour à la Communauté, les novices devaient garder la plus grande discrétion, évitant tout ce qui pouvait satisfaire la curiosité ou nourrir la vanité.

» La Supérieure, Mère Saint-Louis, appelait souvent Mère Petibon pour la consulter dans ses difficultés, et lui témoignait beaucoup de confiance.

» En toutes circonstances, nous étions édifiées par la conduite de notre bonne Maîtresse. Si, au réfectoire, nous jetions les yeux sur elle, la vue de son recueillement nous portait invinciblement vers le bon Dieu. Aux jours où elle avait eu le bonheur de faire la sainte Communion nous remarquions que notre vénérée Mère était encore plus absorbée dans son habituelle contemplation, continuant sans doute, au plus intime de son âme, son colloque intérieur avec le Jésus de l'Eucharistie, objet de son amour.

» A cette époque, la Maison se trouvait très pauvre; on craignait de perdre le moindre moment; on travaillait même pendant le repas.

» La table n'offrait rien de superflu; souvent les Sœurs manquaient du nécessaire; elles avaient faim quelquefois; toutes, plus ou moins, éprouvèrent cette souffrance.

» En hiver, le feu nous était parcimonieusement accordé, toujours pour le même motif : la pauvreté !

» La vertueuse Maîtresse encourageait ses élèves à ne pas se déconcerter, à faire gaiement les sacrifices qui se présentent au début de toute œuvre.

» Les difficultés arrivent dans toute existence humaine.

Comme grands moyens de les surmonter, de quelque nature qu'elles soient, cette digne Mère recommandait : le recours à la prière, l'amour et l'imitation de Jésus, l'amour du devoir... »

Bientôt nommée Supérieure générale, Notre Vénérée Mère gardera néanmoins la direction des novices jusqu'au 27 août 1843.

Pendant cette période, elle avait formé de nombreuses et ferventes Religieuses dont le nom reste cher à la Congrégation.

Parmi les Sœurs de chœur, il convient de mentionner : Mère Saint-Paul, Mère Saint-François, Mère Saint-Stanislas, Mère Sainte-Madeleine, Mère Saint-Joseph, Mère Sainte-Claire.

Et parmi les Sœurs converses : Sœur Françoise, Sœur Jeanne, Sœur Perrine, Sœur Philomène, Sœur Marie-Louise, Sœur Marie-Ange, Sœur Reine, Sœur Marie-Anne, Sœur Marie-Françoise, Sœur Marthe...

DEUXIEME PARTIE

Supériorat général
De Révérende Mère SAINT-ANDRÉ
(1838-1886)

Première période : 1838-1860

I

Elections. — Situation précaire. — Autorisation gouvernementale. — Noms de famille remplacés par noms de religion. — Classes et pensionnat. — Etablissement d'un Chemin de Croix. — Années de disette. — Améliorations diverses. — 1838-1850.

L'HUMILITÉ de Mère Petibon la faisait chercher toujours la dernière place. Mais l'évidence de son mérite la désignait au choix du Fondateur et des Religieuses, comme la plus digne et la plus capable de diriger la Communauté vers le double but qu'il s'agissait d'atteindre.

Aux élections de 1838, les suffrages de ses Sœurs la nommèrent Supérieure générale de la Congrégation des Filles de Sainte-Marie. Cette marque d'estime et de confiance lui sera continuée, sans aucune interruption, jusqu'à sa mort; neuf élections successives ratifieront le choix de M. Fleury.

Désormais, l'histoire de la Mère Petibon, qui deviendra bientôt Mère Saint-André, va se confondre avec celle de la Congrégation que le Ciel confiait à sa garde maternellement vigilante.

La charge était lourde; peines et soucis ne manqueront pas à la nouvelle élue. Jésus et Marie protégeront la Mère et sa famille religieuse.

Pour fonder leur établissement, les Mères Lemarchand avaient consenti de grandes dépenses. Ne possédant que de minimes ressources, elles se virent obligées d'emprunter et de retarder le paiement des fournisseurs. Aussi, à son entrée en charge, la Mère Petibon ne trouva nulle provision; dans la caisse, une somme de cinq francs. Les dettes s'élevaient à seize mille francs.

On n'avait tenu jusqu'alors aucun registre de recettes ni de dépenses. Immédiatement, la Mère Petibon se mit en devoir de l'établir, et pria Mère Saint-Louis d'indiquer, en tête de ce registre, le montant des dettes contractées.

Dans ce relevé, il se glissa nécessairement de nombreuses omissions; aux sommes inscrites s'ajoutèrent d'autres créances qui augmentèrent les dettes de plusieurs milliers de francs.

Dès le lendemain de sa nomination, la nouvelle Supérieure dut verser, entre les mains de M. Duval du Chesnay, la somme de quarante francs pour livres fournis à la Communauté. Elle demanda ces quarante francs, comme emprunt, à M. Guessant, qui les lui remit, ajoutant : « Vous pouvez compter sur ma bourse comme si elle était complètement vôtre. »

*
* *

Depuis deux ans, l'Association des Filles de Sainte-Marie jouissait d'une existence reconnue par l'autorité diocésaine : une ordonnance épiscopale, en date du 15 novembre 1836, lui avait concédé l'usage d'une chapelle distincte de l'église paroissiale, et la faculté d'y donner des exercices religieux aux personnes du dehors.

Restait à lui assurer une existence légale, qui la mît à l'abri des vicissitudes de la politique.

Une demande avait été présentée au Conseil d'Etat, grâce à la vigilante prévoyance de M. Fleury. Ce bon Père continuait de s'en occuper activement ; il fit même le voyage de Paris, ce qui, à son âge et à cette époque, présentait de grandes fatigues.

Aux démarches du vénéré Fondateur, la jeune Supérieure joignait ses prières et tous ses soins pour obtenir le succès d'une affaire si importante.

La Congrégation nouvelle dont elle était devenue la Mère fut légalement reconnue par ordonnance royale du 30 mars 1839, enregistrée le 3 avril suivant.

Vers cette époque, la chapelle reçut un tombeau d'autel, don de M. le recteur de Lescouët, qui venait d'en obtenir un autre beaucoup plus riche pour son église paroissiale.

Quelques constructions, très nécessaires, s'élevaient peu à peu : une sacristie attenant au chœur de la chapelle, côté sud; la maison Saint-Roch, et, à la suite (côté est), une boulangerie avec chambre au-dessus; une écurie, un appartement pour abriter le pressoir...

Ce furent les derniers travaux dirigés par M. Guessant, qui tomba sérieusement malade en juillet de cette année 1839.

Un volume précédent a relaté, au fur et à mesure qu'ils se présentaient, mais très imparfaitement, quelques-uns des nombreux services dont les Filles de Sainte-Marie restent redevables envers ce bienfaiteur si dévoué de leur Congrégation naissante.

***

La ferveur religieuse se soutenait, alimentée par les exercices de piété exactement remplis.

L'un d'eux, d'une importance capitale, venait régulièrement raviver dans les âmes les saintes ardeurs pour le bien : la retraite annuelle.

Jusqu'en 1839, ces salutaires exercices furent donnés aux Religieuses par des prêtres séculiers.

Citons d'abord le Révérend Père Fondateur, qui ancra dans l'âme de ses Filles l'esprit de foi, l'amour du bon Dieu, le dévouement aux enfants et aux pauvres.

Puis vint M. Duval du Chesnay, qui remplit souvent cet office de charité. Souvent aussi, délégué par Monseigneur, il présida les fêtes de la Communauté et de nombreuses cérémonies de vêture et de profession.

Nous avons le regret de ne posséder aucun écrit résumant les instructions solides, substantielles données par ces prêtres doués d'un zèle vraiment sacerdotal et tout dévoués à notre humble Congrégation. Mais nous pouvons en juger par les religieuses dispositions établies et développées dans les âmes qu'ils évangélisaient.

En août 1839, pour la première fois, Mère Petibon recourut au zèle et à l'expérience des Pères Jésuites. Pendant sept années consécutives, le Père Bazire présida la retraite. Ce religieux appuyait davantage sur deux points : la soumission du cœur religieux au cœur de Dieu et l'esprit de sacrifice.

**

Toutes les Religieuses, à bon droit, vénéraient le Fondateur de leur Congrégation.

C'est pour répondre au sentiment de piété filiale qui les animait, et honorer davantage l'humble prêtre constitué, par Dieu lui-même, intermédiaire entre leurs âmes et le Ciel, que la Révérende Mère, en la fête de saint Joachim, patron de M. Fleury, demanda si le digne Pasteur permettrait aux Religieuses de lui donner le nom de Père.

« Certainement, ma chère Fille, répondit le respectable vieillard, et je crois pouvoir assurer que mon affection pour vous me donne droit à ce titre. »

C'était en 1840.

En cette même année, le 30 novembre, fête de saint André, la Mère Petibon présentait à M. Fleury une nouvelle requête. Elle le priait de vouloir bien autoriser les Sœurs à porter un nom de *Saint*, au lieu du nom de famille qu'elles avaient gardé jusque-là. Le Père Fondateur se rendit volontiers à ce désir, et, immédiatement, chaque Sœur choisit le nom qu'elle souhaitait.

Lorsque Mme Petibon apprit que sa fille s'appellerait

Mère Saint-André, elle ne put s'empêcher de manifester son mécontentement.

Une femme de Broons, laide de figure et pauvre d'esprit, portait justement le nom d'Andrée.

L'amour-propre maternel fut humilié de ce choix. Mais la Religieuse savourait déjà les humiliations, et voulait pour patron l'amant de la croix, de cette croix que, par avance, elle acceptait sous toutes ses formes.

*
* *

Dès le commencement de la Maison, il y eut quelques pensionnaires.

Parmi les premières se trouvait Mlle Marie-Louise Ducours, sœur de M. le Vicaire général. Ses autres sœurs vinrent ensuite, Mlles Jeanne-Marie et Rosalie.

Quand Mère Saint-André fut nommée Supérieure, elle prit un soin tout particulier de ces jeunes enfants, dont le nombre s'élevait parfois à quarante.

Afin d'obtenir l'ordre et la régularité, pour stimuler l'ardeur au travail, la bonne Mère s'occupa de rédiger un sage règlement, approprié à la force des élèves et à la meilleure préparation de leur avenir.

Son expérience lui avait prouvé l'utilité des Confréries ou Associations pour encourager les efforts et nourrir la piété. Bientôt s'établirent celle des Enfants de Marie, réservée aux grandes élèves qui méritaient d'y être enrôlées par leur bonne conduite et leur application; celle des Enfants de Jésus qui réunissait les plus jeunes (avant la première Communion).

Chacune de ces Congrégations avait ses réunions particulières à la chapelle, ce qui plaisait beaucoup aux enfants et ne manquait pas d'exciter parmi elles une salutaire émulation.

Les Enfants de Marie jouissaient de la Vierge de la chapelle ; c'était *leur Vierge, leur Mère*.

Les petites élèves se réunissaient dans le bas-côté de la chapelle ; là se trouvait *leur autel*, avec un charmant petit Jésus placé dans une branche d'aubépine.

**

Cette éducation maternelle, forte, bien comprise, laissait au fond des cœurs des empreintes ineffaçables, et formait pour l'avenir des femmes dignes, dévouées, soigneuses de leurs devoirs, profondément chrétiennes. Le récit suivant en fournit une preuve :

« Vers 1840, ma mère eut le bonheur de passer quelque temps au pensionnat, faveur qu'elle appréciait grandement. Toute sa vie, elle en garda un souvenir de gratitude à son frère, M. Coulombel, alors vicaire de Broons.

» Sa reconnaissance restait également très vive pour notre vénérée Mère Saint-André, dont elle appréciait fort l'enseignement et les sages conseils.

» Encore enfant, ma mère avait le grand désir de devenir religieuse. La vie sainte et dévouée des premières Filles de Sainte-Marie, dont elle avait sous les yeux le continuel exemple, et son amour instinctif de la retraite l'affermissaient dans ses premières dispositions. Tels n'étaient point les desseins du bon Dieu, et la jeune fille se soumit humblement à la décision prise, d'un commun accord, par son frère et par Mère Saint-André.

» Mais le souvenir des vertus et des leçons de la vénérée Mère s'était empreint si fidèlement dans sa mémoire qu'il y resta toujours, comme un stimulant quotidien, un encouragement dans la pratique du devoir et du sacrifice.

» Aussi, que de fois cette forte chrétienne redisait à ses deux filles, du ton le plus convaincu, les préceptes de la Révérende Mère, celui-ci en particulier : « Il faut toujours travailler dans la perfection ! » Et elle ajoutait aussitôt : « C'est Mère Saint-André qui m'a donné ce conseil ; elle nous le répétait souvent en visitant les ouvrages manuels, quand j'avais le bonheur d'être pensionnaire à Broons. Rien de meilleur par conséquent.

— » Mais, maman, voyez donc ce travail : c'est si peu de chose! inutile qu'on s'y applique, il sera toujours assez bien pour sa valeur !

— » Non, mon enfant, ne parle pas ainsi : le bon Dieu veut que les choses les plus petites soient accomplies avec toute la perfection possible. »

L'avis de Mère Saint-André demeurait la *Règle;* il fallait s'y soumettre.

Tels étaient, trente ans plus tard, les fruits de l'éducation chrétienne que donnait aux jeunes filles notre vénérée Mère, parfaitement secondée d'ailleurs par Mère Saint-Jean-Baptiste, alors maîtresse du pensionnat.

Celle-ci laissait également, dans l'esprit de ses élèves, un souvenir impérissable de vertu solide et de sainteté.

*
* *

L'humble chapelle du Couvent n'acquérait que peu à peu les décors et ornementations les plus indispensables.

Dans l'Oratoire primitif avait existé un Chemin de Croix plus que modeste ; en 1840, on obtint quelque chose de mieux, tout en visant à l'économie.

Le 18 septembre, avec toutes les formalités et cérémonies prescrites, M. Duval du Chesnay fit la bénédiction et l'inauguration de ce nouveau Chemin de Croix. Désormais, religieuses et fidèles, en visitant avec piété chacune de ces stations, pourront gagner, chaque fois, toutes les indulgences attachées par les Souverains Pontifes à cette pratique pieuse doublement chère aux cœurs compatissants : elle leur offre un moyen très facile de soulager efficacement les âmes du Purgatoire, et la douloureuse consolation de revivre en leur mémoire les inénarrables angoisses du Crucifiement.

Devant ces stations, trente-cinq années durant, de nombreuses Sœurs s'agenouilleront, l'âme angoissée, avec un désir toujours plus ardent de payer enfin amour pour amour au Jésus de la Croix.

Seul, le chœur de la chapelle possédait un parquet, ce qui contristait les prêtres du canton et leurs confrères, nombreux, qui travaillaient aux retraites séculières; aussi résolurent-ils de faire parqueter la nef en entier. Avec cette amélioration, ils en proposaient une autre : construire un perron qui permît de passer directement de la maison principale au jardin. Ils eurent l'initiative de ces travaux et contribuèrent généreusement aux dépenses (1841).

C'est encore grâce à leur générosité que fut acheté le premier ostensoir. Nous aimons à le consigner ici en témoignage de sincère gratitude.

*
* *

La pauvreté continuait de régner, au sein de la petite Communauté, avec toutes les privations qui l'accompagnent.

Après avoir quitté le confortable de la maison paternelle, Mère Saint-André ne faisait aucune plainte de la nourriture, qui laissait cependant à désirer. Son estomac, assez faible, ne s'en accommodait pas toujours; aussi les Sœurs, quand elles s'en apercevaient, la suppliaient de ne point user de ces mets qui la rendaient souffrante. Pour leur être agréable, la bonne Mère accédait parfois à leur désir, rarement, car son grand esprit de mortification et de renoncement la portait à suivre le régime commun, quelles qu'en fussent les rigueurs.

Dans les années 1841 et 1842, une grande disette affligea tout le pays.

Le blé se vendait très cher; il y avait peu d'argent pour s'en procurer, et la maison abritait vingt-six orphelines pauvres.

Il y eut grande gêne dans la Communauté, grande inquiétude surtout pour la Supérieure, qui restait souvent sans autre ressource que sa foi en la divine Providence.

De temps en temps, ne sachant plus où trouver du pain, la bonne Mère se rendait près de ses chères orphelines et se demandait lesquelles on pourrait congédier. Son cœur compatissant ne pouvait se résoudre à ces départs. Que deviendraient ces enfants? A qui les confier?... Elle les garda toutes et les nourrit de son mieux, pendant qu'elle et ses compagnes se privaient souvent du nécessaire.

La tendre Mère s'oubliait elle-même pour prendre soin de ses Filles et ne se réservait que la moindre part en toute chose; avant tout, son bon cœur se préoccupait de soigner les autres, de leur rendre la vie moins dure.

Malgré sa vigilance, de nombreuses et continuelles privations s'imposaient.

Il était bien frugal, chaque matin, le repas qui préparait les forces pour une journée de pénibles labeurs.

Chaque Sœur prenait un léger morceau de pain ou de galette de blé-noir, et, se présentant devant la Supérieure, recevait une cuillerée de claire bouillie cuite à l'eau, puis regagnait sa place au réfectoire, heureuse et remerciant le bon Dieu ! La Mère n'avait garde de se réserver une meilleure part !...

Ce régime continua pendant de longues années ; des religieuses nous disent qu'il se pratiquait encore en 1856, non pas continuellement comme dans le passé, mais autant que la pauvreté y contraignait.

Les autres repas ne compensaient guère celui-ci ; ils se composaient souvent de galette ou de pommes de terre. Et les pauvres Sœurs se fussent estimées très heureuses si la table leur en eût toujours offert suffisamment !

Cette nourriture trompait la faim, mais ne satisfaisait pas tous les estomacs.

Une Novice, Sœur Marie-Anne, qui ne comprenait pas les effets de cette insuffisante alimentation, s'imagina qu'elle devenait gourmande et s'en affligea profondément. Mais l'enfant simple et candide confia sa peine à la Révérende Mère, qui sourit doucement et répondit avec bonté :

« Ma petite fille, mangez, mangez ! je ne veux pas que vous ayez faim ! » Puis la bonne Mère encouragea la Novice et lui fit espérer des jours meilleurs.

A ces accents, Sœur Marie-Anne redevint heureuse et joyeuse, et plus tard se guérit tout à fait de ce qu'elle appelait « sa gourmandise. »

A cette époque se place le fait suivant :

Un jour, Mgr Le Mée arrivait à l'improviste à la pauvre Communauté.

Grand émoi : il n'y avait pas, dans la maison, un seul petit morceau de pain ! ! ! Et les Sœurs évitaient de révéler au dehors ces intimes souffrances, qu'elles supportaient avec amour sous le regard de Jésus et de sa Sainte Mère.

Mais que faire en la circonstance ? ? ?

Une seule chose : exposer simplement à Monseigneur cette embarrassante situation... Et Sa Grandeur serait reçue avec tant de bonheur à la cure ou dans quelque famille aisée des environs !

Monseigneur écouta..., et se contenta de répondre : « *Je resterai chez mes Filles, et je partagerai leur repas tel qu'il est préparé.* »

Cependant, depuis la profession de sa fille, Mme Petibon se montrait très généreuse envers la Communauté.

Manquait-il quelque chose ? On pouvait aller chez elle, et jamais on n'éprouvait de refus.

Quand la maison si pauvre, si peu approvisionnée, devait recevoir Monseigneur ou donner des repas qui sortaient un peu du frugal ordinaire, Mme Petibon se faisait un bonheur de fournir le linge de table et la vaisselle. Elle-même préparait au moins un plat et toute la pâtisserie.

Quand arrivaient les retraites séculières, un autre genre de souffrance s'imposait, amené par l'absence d'un matériel suffisant pour recevoir les trois, quatre, cinq et six cents personnes que le souci de leur âme et de leur éternité réunissait à cette maison du bon Dieu.

La Communauté recourait aux personnes généreuses de la ville ; il restait néanmoins pour les Sœurs de nombreuses privations.

La literie faisait surtout défaut. Ces hôtes d'une semaine jouissaient de tout ce que la maison possédait; et les religieuses, bien fatiguées cependant, prenaient leur repos au premier endroit disponible.

Pouvait-on se procurer de la paille? On l'étendait sur le plancher; et là, les unes près des autres, la plupart des Sœurs passaient une partie de la nuit. Quelques-unes se réfugiaient dans les classes, se contentant d'appuyer la tête aux bancs ou aux tables; d'autres, dans la cuisine ou sur les fagots du grenier.

On vit la Révérende Mère confondue dans ces rangs; et elle le faisait joyeusement, sans laisser jamais échapper aucune plainte.

Parfois ses filles parvenaient à lui réserver une simple paillasse étendue sur le plancher. Là, sans quitter ses vêtements, Mère Saint-André prenait quelques heures de repos.

Nous disons bien : *quelques heures de repos*. En effet, que de nuits cette généreuse Mère passait, en grande partie du moins, à travailler, à écrire, à tenir les registres de la maison! Le jour ne suffisait pas à ses charges de Supérieure générale, de Maîtresse des Novices, d'économe, de dépensière...

Car la digne Mère, jusqu'ici, n'avait point réuni près d'elle les aides dont elle devait bientôt s'entourer.

Pendant cette période si pénible, aucune Sœur ne conçut la pensée d'abandonner ce poste de la souffrance où l'appelait une vocation sainte. Ces âmes généreuses se fortifiaient mutuellement par leurs exemples; elles s'armaient de courage pour le présent et d'espoir pour l'avenir.

Si la force morale ne fléchit point sous le poids des épreuves, la santé n'en souffrit pas non plus. On remarquait, à cette époque, de robustes constitutions physiques, et presque toutes ces religieuses ont atteint un âge avancé.

Ainsi le bon Dieu récompensait leur esprit de sacrifice et de sainte abnégation.

En même temps, une assistance toute providentielle donnait à l'œuvre naissante une surprenante extension, dont nous parlerons bientôt.

Les années de souffrances préparaient une ère d'accroissement et de prospérité.

*
* *

Mais n'anticipons pas. C'est encore l'heure des privations pour les religieuses, l'heure des grandes inquiétudes pour la Révérende Mère.

Cette âme délicate abhorrait les dettes; elle craignait si fortement de causer quelque tort au prochain, d'arriver un jour à ne pouvoir solder les emprunts consentis !

Et cependant, malgré la cherté des vivres, malgré les dettes existantes, elle se voyait forcée d'agrandir les constructions et d'augmenter le mobilier en proportion du personnel qui croissait chaque année; il y avait aussi des réparations, des aménagements divers qui s'imposaient.

Une source ayant été découverte, il fallait construire un puits (1842), et, un peu plus tard, y installer une pompe avec plusieurs tuyaux et robinets.

La charpente de la chapelle, couverte avec une ardoise de mauvaise qualité, ne garantissait pas contre la pluie, ce qui obligea de la refaire. On profita de ce travail pour exhausser d'un mètre la chapelle qui n'avait pas assez d'élévation (1844).

Cour intérieure de la Communauté. Entrée et Parloirs.

A cette même époque, la Révérende Mère fit venir de Paris la *Vierge Immaculée* qui surmonta, de 1844 à 1894, l'autel principal de la chapelle de la Communauté. Cette Vierge préside maintenant la salle de récréation des Religieuses.

**

L'entrée du monastère n'offrait rien de claustral. Un petit mur, écroulé par endroits, laissait à découvert la cour et les salles où vivaient les Religieuses.

Pour se garantir contre la pluie et le froid, ou contre les rayons d'un soleil brûlant, la sœur portière n'avait à sa disposition qu'une espèce de guérite en planches.

Il fallait obvier à ces inconvénients.

En 1844, on construisit un corps de bâtiments longeant la route nationale. Au milieu fut placée la porte principale; un peu au-dessus, dans la maçonnerie, une petite excavation en forme de niche reçut une statue de la Vierge, Mère, Reine et Gardienne de ce séjour.

Dans la partie située à droite, on disposa des parloirs, les trois qui occupent encore aujourd'hui cette même place. La partie opposée (à gauche en entrant), devint une annexe de la chapelle, communiquant avec celle-ci, d'abord par une porte cintrée, puis par une grille de fer assez large pour former un passage entre les deux chapelles et une séparation entre le sanctuaire et la nouvelle construction. Cette séparation permettait, aux personnes placées dans l'annexe, de voir l'autel et de suivre les cérémonies qui s'y accomplissaient.

Grâce à ces constructions, le modeste couvent offrit désormais un aspect plus achevé et plus conforme aux exigences religieuses.

Dans les autres parties de la petite propriété, des murs de clôture s'élevèrent peu à peu, et renfermèrent : *a*) l'ancienne basse-cour en la séparant du petit jardin ; *b*) le petit jardin, du côté du *Pré* de la Croix-Rouge (aujourd'hui la gendarmerie) ; *c*) la partie située sur la route de Sévignac...

La maison dite « *Saint-Pierre* » fut agrandie et continuée dans tout l'espace resté libre entre la cuisine et la chapelle. Le rez-de-chaussée de ces constructions devait servir de réfectoire pour les religieuses. Il était à peine terminé (juin 1847) lorsqu'une autre destination, inspirée par la charité chrétienne, le mit tout d'abord et momentanément à la disposition des humbles, objets des prédilections du Christ-Jésus. Là se réunirent, pour y prendre leurs repas, tous les pauvres de Broons, pendant la semaine que dura le Jubilé. Le Père Fondateur, curé de la paroisse, tint à les héberger à ses frais dans cette Communauté *sienne* à tant de titres, et dont il semblait prendre à cœur de développer de plus en plus le caractère hospitalier.

Ajoutons qu'il fallut aménager divers appartements de décharges, construire la maison dite « *Saint-Vincent* » pour y installer les orphelines.

Au couchant de cette maison, on établit la boulangerie, qui existe encore aujourd'hui.

Mentionnons aussi : des fourneaux pour la cuisine et la basse-cour, un moulin à pommes, des tonneaux... C'étaient des dépenses fort lourdes pour le budget modeste de la Communauté ; elles étaient devenues nécessaires.

II

Réélection de Révérende Mère Saint-André. — Première visite de Monseigneur Le Mée. — Revision de la Règle. — Essai pendant un an. — Approbation par Monseigneur. — Costume donné aux postulantes. — Archiconfrérie de Notre-Dame des Victoires. — Visite canonique. — Elections. — Retraite à Quimper. — Décès du Révérend Père Fondateur. — M. l'Abbé Réhel. — 1843-1850.

Nous venons d'indiquer brièvement les travaux matériels qui remplirent une dizaine d'années. Pendant ce temps, des faits d'un ordre bien supérieur s'accomplissaient. Citons-en quelques-uns.

Les cinq années de Supériorat imposées à la Révérende Mère Saint-André prenaient fin en 1843.

Cette digne Mère avait gouverné sa Congrégation à la satisfaction générale.

Aux élections du 27 septembre, ses Filles reconnaissantes renouvelèrent son mandat et lui donnèrent pour Assistante Mère Saint-Joachim (Laurence Lemarchand).

*
* *

La petite Communauté existait depuis près de dix-huit ans, et elle n'avait pas encore joui d'un grand bienfait : la visite canonique du premier Pasteur du diocèse.

En 1844, le bon Dieu exauçait enfin les vœux des Filles de Sainte-Marie : Mgr Le Mée, attentif à leurs besoins, venait, le 15 octobre au soir, « maintenir la régularité et la ferveur, dit-il, encourager par sa présence et ses avis les épouses de Jésus-Christ. »

Le 16, à six heures et demie du matin, le Prélat se rendait à la chapelle; à l'entrée, il fut reçu par le Révérend Père Fondateur, âgé alors de quatre-vingt-deux ans.

Suivit une visite selon les Règles établies par l'Eglise. Puis, à toute la Communauté réunie, Monseigneur donna des avis pratiques et très encourageants. Au sujet de la Règle, dont Sa Grandeur recommandait l'observance : « Jusqu'ici, dit Monseigneur, elle n'a été pour ainsi dire que tâtonnement; mais bientôt elle prendra un état de fixité.

» Je m'occupe de l'examiner; une fois revêtue de mon approbation, elle exigera une plus grande exactitude encore : de là dépend l'accroissement de la société et le bien qu'elle remplira... »

A diverses reprises, Monseigneur voulut bien assurer qu'il était satisfait...

En effet, une Règle définitive venait de se préparer d'après les conseils de Sa Grandeur.

L'existence matérielle et légale ne suffit pas à une communauté religieuse. Une constitution sage et prudente est nécessaire pour assurer sa vie spirituelle et son avenir, pour lui faciliter les moyens de procurer plus efficacement le bien des âmes.

Une première Règle avait été donnée précédemment aux Filles de Sainte-Marie, et l'autorité compétente l'avait autorisée d'une manière générale.

L'expérience prouvait la nécessité d'y apporter quelques modifications, de l'étendre davantage, de préciser certains points.

Rédiger cette Règle commune à laquelle devront se soumettre volontairement des centaines de personnes dont l'instruction, la situation sociale, les tempéraments et les goûts seront tout à fait différents, exige une profonde connaissance du cœur humain, et suppose l'intelligence parfaite des besoins d'une époque.

Ce n'est pas l'ouvrage d'un jour.

Le Révérend Père Fondateur, prié de s'en occuper, s'excusa en raison de son âge trop avancé, et parce qu'il ne connaissait pas suffisamment les besoins de la Communauté. Telle était son humilité! Il chargea la Supérieure générale de ce travail.

Cette dernière reconnaissait son impuissance personnelle. Elle mit sa confiance en Dieu et en la Très Sainte Vierge, Mère et Patronne de la Congrégation, qu'elle suppliait de prendre soin de ses Filles.

Dans son désir d'arriver le plus près possible de la perfection, Mère Saint-André s'adressa simultanément à toutes les Congrégations que leur but rapprochait de la sienne. Elle s'entoura de conseils et alla même s'enfermer, pendant des jours et des semaines, au sein des autres Communautés, partageant leurs exercices, étudiant leurs constitutions qu'elle examinait et méditait chapitre par chapitre, ligne par ligne.

Puis, prenant dans chaque Règle ce qui lui paraissait le mieux convenir à son petit noyau de Religieuses, la Révérende Supérieure prépara un ensemble d'articles, avec dessein de les soumettre à l'autorité épiscopale.

Aux vacances de 1843, cette nouvelle Règle, lue à la Communauté, fut adoptée et mise à l'essai pendant un an.

A la fin de l'année d'essai (août 1844), les Religieuses étant réunies pour la retraite, M. Fleury recommanda de lire de nouveau la Règle aux Sœurs et de recueillir les observations si quelque Religieuse en formulait, afin de soumettre le tout à Monseigneur.

C'est au mois d'octobre suivant que Monseigneur Le Mée reçut le manuscrit; il l'examina attentivement et annota différents articles.

Sa Grandeur approuva ces Statuts ainsi rédigés et annotés et les déclara obligatoires pour la Congrégation des Filles de Sainte-Marie.

C'était le 20 juillet 1845.

Rien désormais n'arrêtait plus l'essor de la jeune Communauté.

*
* *

Jusqu'ici, le Révérend Père Fondateur prodiguait à sa Communauté ses soins et son dévouement. Il s'y rendait pour célébrer la Sainte Messe, aussi souvent que ses devoirs de Pasteur de la paroisse lui en laissaient la possibilité.

Mais les ans se succédaient, amenant une diminution de forces qui entravait le zèle ardent de ce cœur sacerdotal.

Aussi, le vénérable vieillard demanda et obtint un vicaire supplémentaire pour le seconder dans le service paroissial. Il assurait de ses deniers le traitement du nouveau vicaire. Cette mesure lui permit de célébrer lui-même ou de faire célébrer chaque jour le Saint-Sacrifice dans la chapelle du Couvent, faveur insigne bien propre à nourrir et à développer la piété des Religieuses.

Le Révérend Père aimait à se réserver le dimanche : il profitait de son passage au milieu de ses Filles spirituelles pour leur adresser « *sa petite homélie* », selon son expression. Le plus souvent, cette homélie avait pour sujet l'Evangile de ce dimanche.

Les autres jours de la semaine, le Pasteur restait à l'église paroissiale et envoyait à notre chapelle soit M. Coulombel, soit M. Cœuret. Tous les deux se faisaient un bonheur de venir, alternativement, rendre ce service à la Communauté.

⁎
⁎ ⁎

Jusqu'au jour de leur vêture religieuse, les jeunes filles admises au Noviciat gardaient leurs vêtements personnels. De toutes ces modes diverses qui caractérisent nos paroisses bretonnes, il résultait trop de diversité.

Pour le bien général, il fut jugé avantageux de donner aux postulantes Sœurs de chœur un habillement uniforme. La couleur noire convenait ; robes et tabliers gardèrent leur forme habituelle ; on ajouta un camail de mérinos, un bonnet de tulle et dentelles avec rubans de soie.

Au 26 avril 1846, deux postulantes revêtirent ce nouveau costume : Judith Lemarchand, sœur des Fondatrices, et Jeanne Philippe, mieux connue sous le nom de Sœur Saint-Arsène.

Un peu plus tard, les postulantes converses eurent aussi leur petite coiffe de travail.

⁎
⁎ ⁎

Il existait à Paris, depuis 1836, une pieuse Association établie par M. Dufriche-Desgenettes dans le but d'obtenir la conversion des pécheurs. « *Consacre ta paroisse au Saint et Immaculé Cœur de Marie !* » Telle est la pressante invitation que le Pasteur désolé entendit plusieurs fois résonner, pressante, au fond de son cœur.

Et l'Archiconfrérie de Notre-Dame des Victoires, reconnue et encouragée par Grégoire XVI, se répandait dans le monde entier.

Nos Supérieures entrèrent vite dans cette ligue de prières et de supplications, afin de travailler plus efficacement à la conversion de ceux qui venaient assister aux retraites.

Nous possédons la lettre par laquelle M. Dufriche-Desgenettes, répondant à la demande de M. Fleury, établissait cette Archiconfrérie dans la chapelle de la Communauté de Broons et l'affiliait à l'Archiconfrérie de Notre-Dame des Victoires de Paris. La teneur en est intéressante et nous la consignons ici.

» *Paris, le 18 mai 1847.*

» Monsieur et Vénérable Confrère,

» C'est avec une bien vive satisfaction que je vous envoie l'acte de votre agrégation à l'Archiconfrérie du Très Saint et Immaculé Cœur de Marie...

» Je vous félicite, mon cher Confrère, d'avoir inspiré cette sainte et touchante dévotion aux cœurs dont la direction vous est confiée. Partout où elle a été établie, elle a produit et ne cesse de produire les effets les plus avantageux.

Tous les jours, la correspondance m'apporte, avec les témoignages de la joie des Pasteurs, les relations de conversions, de guérisons et d'autres grâces accordées aux prières des pieux Zélateurs du Saint Cœur de Marie. La même récompense, les mêmes jouissances couronneront votre zèle et deviendront la gloire et la bénédiction de votre saint ministère. J'espère que vous voudrez bien ne me rien laisser ignorer dans ce genre, afin que nous jouissions ensemble, et qu'ensemble nous offrions les vœux, les hommages de notre reconnaissance à la divine miséricorde.

» Allons, mon cher Confrère, du courage et de la confiance. Notre divin Maître nous a promis que si deux ou trois de ses enfants s'unissent pour lui demander une grâce quelconque, elle leur sera accordée par le Père Céleste. Aujourd'hui, l'Archiconfrérie compte plus de dix millions de membres. Notre registre de Paris, seul, a 658.374 noms inscrits, et là-dessus les noms de 323.375 hommes. Depuis le 4 mai 1839, 7.624 agrégations ont été délivrées à des Confréries établies en France, en Europe et dans toutes les parties du monde. Ainsi, de toute la terre, un cri de pardon, de miséricorde, s'élève vers le Ciel ; Marie le recueille, l'offre au Tout-Puissant, et par sa sainte intervention la France et le monde entier seront sauvés.

» Veuillez agréer les sentiments de respect et d'affectueux dévouement avec lesquels j'ai l'honneur d'être, dans l'union des Saints Cœurs de Jésus et de Marie,

» Monsieur et Vénérable Confrère,

» Votre très humble et très obéissant serviteur,

» D. DESGENETTES,
Curé de Notre-Dame des Victoires,
Directeur de l'Archiconfrérie. »

A ce moment, dans la partie latérale récemment ajoutée à la chapelle des Religieuses, un autel venait d'être construit par un ouvrier de Broons.

Sur une sorte de plate-forme préparée un peu au-dessus et à l'arrière de l'autel, on plaça un groupe bien touchant : il représente la Vierge aux sept glaives recevant dans ses bras le corps inanimé de son divin Fils; la croix reste debout, à l'arrière-plan; des Anges présentent les autres instruments de la Passion.

Cet autel et ce groupe pieux furent bénits par le Révérend Père Fondateur, en la fête de la Sainte-Trinité, 30 mai 1847.

La Communauté avait reçu ce groupe grâce à la bienveillante intervention du Révérend Père Gauthier [1] auprès d'une personne charitable. Celle-ci, en reconnaissance d'une guérison extraordinaire obtenue après d'instantes prières à Notre-Dame des Douleurs, se faisait un plaisir et un devoir de propager cette pieuse représentation des souffrances de Jésus et de sa divine Mère.

Bientôt, des âmes confiantes vinrent implorer la maternelle protection de la Vierge des Douleurs, et puisèrent dans ce recours force et consolation.

Des malades exposèrent leurs souffrances et la Vierge compatissante se plut, parfois, à manifester sa puissante intervention. Des personnes du monde ont obtenu des faveurs signalées, et quelques-unes témoignent leur grati-

---

[1] Né à Plumaugat, professeur de théologie au Séminaire du Saint-Esprit.

tude par un pèlerinage annuel à la Vierge qui reçut leurs demandes et voulut y répondre par des bienfaits.

Dans les années qui suivirent l'inauguration de cet autel, des Religieuses furent également l'objet de guérisons extraordinaires, bien capables d'exciter l'étonnement et la reconnaissance.

Serait-il permis d'en citer quelques-unes ?

Nous nous gardons bien de les présenter comme autant de miracles; nous nous bornons à les indiquer comme une preuve de la protection que Notre-Seigneur et sa Sainte Mère daignent accorder à notre Congrégation, afin que chacune des Filles de Sainte-Marie trouve, en ces faveurs, un nouveau motif de bénir le Ciel et de croître dans l'esprit surnaturel, dans l'amour de la prière, dans la pratique de toutes les vertus religieuses.

*
* *

Pendant son noviciat, Jeanne Philippe (Sœur Saint-Arsène), native de Trégueux, eut un phlegmon au médium de la main droite.

Le mal se déclara violemment. Pendant quarante-huit heures, M. Maisonneuve, médecin de la Communauté, ne quitta pas la malade, qu'il traitait énergiquement, avec tout son dévouement, son savoir et son expérience.

Ces soins assidus sauvèrent la Sœur d'un grave danger; mais il lui restait au doigt une plaie qui inquiétait fort le médecin et les Supérieures. Pendant un an, les remèdes ne discontinuèrent pas; aucun ne parvenait à guérir la chère Sœur, qui devint très anxieuse; elle se voyait exposée à rester infirme et craignait par-dessus tout de quitter le Noviciat et de retourner dans le monde.

Elle mit toute sa confiance en Dieu. Avec une ferveur qui s'explique facilement, elle alla, pendant neuf jours, se prosterner aux pieds de Notre-Dame des Douleurs et solliciter sa guérison. La neuvaine se terminait le 25 mars, et, ce jour, il y avait réunion de l'Archiconfrérie à la chapelle de la Communauté.

Pendant toute la neuvaine, la Novice avait continué ses pansements ordinaires. Au matin du dernier jour, après avoir enlevé le linge qui entourait le doigt malade, elle trouva la plaie fermée; depuis lors, elle fut parfaitement guérie, et jamais elle n'a ressenti à ce doigt ni faiblesse ni douleur.

*
* *

Perrine Salmon, du village de Chantemerle, en Broons, en religion Sœur Marie de l'Incarnation, avait toujours eu une santé très délicate; la poitrine était presque constamment malade; et, dans l'année 1849, une affection des organes digestifs était venue aggraver sa position. Le médecin désespérait de la guérir; il avait employé inutilement tous les remèdes.

Depuis trois semaines, la malade ne pouvait supporter aucun aliment, pas même les plus légers; l'estomac ne fonctionnait plus; cette chère Sœur éprouvait des souffrances très aiguës.

Mais elle avait une foi très vive et la plus grande confiance d'obtenir sa guérison par l'entremise de Notre-Dame des Sept Douleurs. Le jour de la Compassion de la Sainte

Vierge, elle dit à plusieurs Sœurs qui la visitèrent : « La Sainte Vierge va me guérir; vous le verrez !... » et autres paroles semblables.

La malade fut recommandée aux prières de l'Archiconfrérie et aussi à l'église paroissiale.

Vers sept heures et demie du soir, les infirmières, voyant leur Sœur entrer en agonie, appelèrent en toute hâte les Supérieures qui commencèrent les dernières prières.

Ces prières étaient à peine achevées que la malade s'écria : « Je suis guérie ! *Remerciez avec moi la Sainte Vierge*. Je vais me lever... »

Les Sœurs croyaient au délire et priaient leur Supérieure générale d'obliger la malade à rester au lit. « Laissez, dit gravement la Révérende Mère Saint-André, mais qu'on la surveille de près !... »

Sœur Marie de l'Incarnation indiqua où se trouvaient ses vêtements, s'habilla seule, descendit à la cuisine et demanda de la nourriture, ajoutant : « *Qu'elle mangerait une bonne assiette de soupe.* »

Après son potage, elle prit du pain et n'en fut nullement incommodée.

Elle reposa paisiblement toute la nuit, assista le lendemain à la messe de Communauté et suivit tous les exercices communs sans éprouver de fatigue.

Notre Révérende Mère lui conseilla de consacrer sa journée à remercier la Sainte Vierge et à visiter ses compagnes dans leurs différents emplois. Le lendemain, elle la conduisit chez M. Maisonneuve, son médecin. Celui-ci se plut à reconnaître qu'il n'était pour rien dans l'œuvre de sa guérison; il constata la disparition de la maladie, et, dans ses visites à ses malades, il aimait à raconter ce fait, l'attribuant toujours à une intervention particulière de la Providence.

* * *

Reprenons le cours de notre notice historique.

Le 7 octobre 1848, Mgr Le Mée daignait descendre à la communauté et procéder à la visite canonique.

Sa Grandeur présida les élections générales du 8 octobre, qui donnèrent de nouveau à la Congrégation Mère Saint-André pour Supérieure, avec Mère Saint-Joachim pour Assistante.

Dans ses entretiens avec son évêque et Père, la digne Supérieure émit-elle un désir concernant sa sanctification personnelle? On est porté à le croire en la voyant, quelques semaines après, s'en aller résolument vers la solitude.

Dans sa Communauté, au milieu de ses Filles et de ses préoccupations habituelles, la bonne Mère ne pouvait que très peu et très difficilement jouir des immenses bienfaits que procurent les exercices d'une pieuse retraite.

Aussi, prenant pour compagne Mère Saint-Louis, elle passa huit jours dans une Communauté de Quimper.

Là, sous le regard du bon Dieu, elle laissa de côté tous les soucis de son administration et se recueillit. Elle s'interrogeait elle-même; étudiant les obligations de sa lourde charge, elle envisageait le passé, le présent et l'avenir.

Alors, sous la divine influence de la grâce, et avec l'habile direction d'un saint religieux, son parent tout dévoué, elle assura sa marche ascensionnelle vers les sommets de la perfection, pendant que, dans la même proportion, s'accrut son désir de procurer la gloire du bon Dieu et le salut des âmes.

Il reste, dans ses notes personnelles, quelques conseils écrits en terminant ces jours de rénovation dans la ferveur. Maintenant que sa sainte âme jouit au Ciel, espérons-le, elle nous permettra de les confier à ses Filles. Celles qui l'ont connue et vénérée pourront constater avec quelle attention constante cette vraie Religieuse les traduisit dans sa conduite.

Entendre souvent Notre-Seigneur vous dire : « *Apprends* de *moi* à être *douce* et *humble* de cœur ».

Lui demander la grâce de comprendre ce conseil : « Que votre vie soit cachée en Dieu avec Jésus-Christ. »

Vous étudier avec courage et confiance à rendre votre vie conforme, autant que votre faiblesse vous le permettra, à la vie de Jésus-Christ, et de *Jésus-Christ crucifié.*

Ne jamais prendre une décision importante sans en avoir conféré avec Jésus-Christ dans le Saint Tabernacle; et faire ce que vous croyez qu'Il aurait fait lui-même, ayant toujours pour règle *la plus grande gloire de Dieu.*

Aimer beaucoup l'*Oraison*, la *Communion*, la *Pénitence* pour aimer mieux Jésus-Christ.

Enfin que le *mot* de votre cœur et de votre vie soit *Jésus-Christ !*

Quimper, 12 novembre 1848.

Il était nécessaire, en effet, que Mère Saint-André affermît son cœur contre les épreuves de tout genre qui l'attendaient.

L'une, très douloureuse, devait la frapper le 15 mars de l'année suivante. En ce jour où la Congrégation perdait son Fondateur et son Père, la Mère de la grande famille en deuil ressentit, plus que toute autre, les angoisses de la séparation.

Son esprit de foi soutint son courage et lui permit d'entrevoir, parmi ses protecteurs près de Jésus et de Marie, le Père que tant d'âmes désolées pleuraient ici-bas.

C'était la conviction générale.

Une des bonnes vieilles hospitalisées à la Communauté de Broons a parfaitement connu ce vénérable confesseur de la foi.

« M. Fleury était regardé comme un saint, dit-elle, et c'en était un aussi. Je tiens de la bouche même de son domestique, qui faisait sa chambre et le soignait, que M. Fleury avait souvent une tuile pour oreiller et qu'il portait constamment une chemise de crin. »

Qu'il daigne veiller sur sa Congrégation et lui garder le véritable esprit religieux !

*
* *

Le départ pour l'éternité de notre vénéré Père Fondateur laissait la Communauté orpheline.

En même temps, l'Evêché retirait le vicaire supplémentaire, M. Cœuret, accordé pendant les dernières années de

Enclos de la Communauté. Vue générale.

M. Fleury (1845-1849). Le ministère paroissial devint assez chargé et ne laissa plus, aux dévoués vicaires, assez de latitude pour s'occuper, autant qu'il l'eût fallu, de la Communauté qui allait s'agrandissant.

Notre bonne Mère Saint-André exposa cette situation à Monseigneur J.-J.-Pierre Le Mée et témoigna le désir d'avoir un prêtre attaché à la Maison.

Le 27 août 1849, Sa Grandeur répondait :

« Ma chère Fille, je vous envoie des pouvoirs pour M. Réhel. Vous voudrez bien les lui remettre. J'ai la confiance qu'il fera du bien chez vous. Je vais écrire à M. Dubreil pour lui faire part de cette décision. »

M. Louis Réhel était né au Pont-Besnard, en Trémeur, le 8 mars 1823. Son père s'appelait François et sa mère Louise Lécuyer.

Il commença ses études à Gautrel, maison située près du bourg, pendant le vicariat de M. Renouvel à Trémeur. Entré en cinquième au Collège des Cordeliers, à Dinan, vers 1836, il fit de grands progrès dans les sciences et dans la piété. Au Grand-Séminaire de Saint-Brieuc, il mit toute l'ardeur possible à l'étude de la théologie et à l'acquisition des vertus sacerdotales.

Doué d'un organe musical remarquable par la grâce et par l'ampleur, il fut d'abord attaché à la maîtrise de la Cathédrale. Mais ses Supérieurs remarquèrent vite que sa faible santé ne supporterait pas cette fatigue. Pour le reposer, ils l'envoyèrent exercer les fonctions de précepteur dans la famille Dubreil de Pontbriand, à Saint-Jean-sur-Vilaine, près de Châteaubourg.

C'est ce poste qu'il dut laisser pour répondre à l'appel de Monseigneur Le Mée.

A ses heures de vacances, M. l'abbé Réhel venait avec bonheur à la Communauté. Tout jeune, il avait reçu les leçons de Mère Saint-Paul, sœur de M. Renouvel; il en conservait un souvenir très reconnaissant. Il portait un vif intérêt à la petite Congrégation naissante, qu'il savait très pauvre; aussi voulut-il se dévouer pour elle et n'accepter d'autres honoraires que sa pension.

Encore saintement impressionné par les profondes émotions de l'ordination sacerdotale qu'il venait de recevoir, il apporta les prémices de son zèle pieux à toutes les œuvres sans exception. Il entretint et développa l'esprit chrétien par ses instructions du dimanche et ses catéchismes soignés. Aux jeunes Sœurs et à quelques enfants bien douées, il enseigna la musique vocale (plain-chant et solfège) ; il possédait, pour cette partie, des connaissances spéciales, de réels talents.

Les classes, leur bonne organisation, le trouvèrent également tout dévoué.

Son cœur compatissant inclinait surtout vers les élèves moins favorisées de la fortune.

Dans la Maison, il existait alors une classe pour les enfants pauvres de la paroisse. A celles-ci, on adjoignait les orphelines aussi longtemps qu'elles avaient besoin de continuer leur éducation.

Voilà les classes que M. Réhel visitait surtout avec plaisir, les âmes dont il s'occupait avec bonheur : « *Que vous êtes heureuse! ma sœur,* » disait-il à la Religieuse qui les instruisait : « *Je paierais cher la faveur de faire votre classe!* »

Bien souvent aussi, les orphelines recevaient sa visite pendant leurs travaux manuels, à l'ancien asile (près Saint-Michel). Il leur apprenait des cantiques, il les portait à l'amour du travail, il leur donnait de sages conseils pour le présent et pour l'avenir.

Cette prédilection, qui n'échappait point aux pensionnaires, excitait parfois chez celles-ci une petite pointe de jalousie. Mais M. Réhel était si bon pour toutes, et pour chacune, que nulle n'avait motif de se plaindre.

La classe des pensionnaires se trouvait à l'*Ange Gardien* et leur salle de travail à la *Sainte-Famille*. C'est ainsi que ces enfants pouvaient suivre parfois ce qui se passait chez les orphelines, à *Saint-Michel*, leur classe, et dans l'appartement contigu qui était leur salle de travail.

Avait-il puisé cette tendresse pour les pauvres à l'école de Saint-Vincent de Paul ? Nous pouvons le croire en remarquant le culte de vénération et de confiance que professait ce jeune prêtre pour le second patron de notre Congrégation. Ce culte, il s'appliquait à le répandre dans les cœurs, à le manifester dans les cérémonies et professions.

Il obtint du frère Judicaël, instituteur à Broons, deux grands portraits de saint Vincent de Paul : l'un, peint à l'huile, devint une bannière pour les processions; l'autre, au crayon, rappelait au bas cet appel de saint Vincent aux dames de charité : « *Or sus, Mesdames...* »

En 1849, M. Réhel prêcha notre fête patronale. Nous possédons ce discours qu'il prit la peine d'écrire en entier.

Nous espérons, plus tard, en transcrire quelques passages. Nos Sœurs, nous voulons le croire, liront, avec édification et profit pour leurs âmes, les paroles qu'un saint adressait à leurs devancières, dans cette petite chapelle où beaucoup ont prié avec bonheur, entendu de solides instructions et reçu des faveurs signalées.

⁎

Il y avait bientôt un an que M. Réhel remplissait, avec un zèle vraiment sacerdotal, la tâche qu'il s'était imposée. Le saint prêtre n'avait d'autre ambition que de remplir longtemps la tâche commencée. Et déjà le Ciel s'apprêtait à le ravir à la terre.

Malgré sa constitution très faible, il continuait, paisible et recueilli, son travail quotidien.

Un jour, il devint assez souffrant. N'écoutant que son courage, il crut qu'il dominerait le mal ; il essaya, mais en vain, de s'occuper de ses fleurs, de son jardinet près de la chapelle. Alors il se promena dans la salle Saint-Basile, puis se mit au piano ; impossible de rien continuer, les forces lui manquaient.

Dans la nuit, de fortes souffrances obligèrent d'appeler le médecin ; et désormais, pendant une dizaine de jours, des crises on ne peut plus douloureuses se succédèrent à des intervalles très rapprochés. Il s'agissait d'une sorte de phtisie aiguë qui devait se terminer à bref délai.

Les Religieuses recoururent aux remèdes humains, mais surtout elles adressèrent au Ciel, le jour et la nuit, des supplications très ardentes.

De tous côtés, elles réclamèrent des prières à la même intention. Des bonnes œuvres, des aumônes, des vœux, des neuvaines continuelles : tout fut offert pour le présent ou promis pour l'avenir.

Les pensionnaires et les orphelines unissaient leurs supplications à celles des Religieuses, dont elles partageaient si bien les navrantes inquiétudes.

Le cher malade priait et souffrait patiemment ; il ne s'illusionnait pas sur son état.

Entre deux crises, il désira voir les enfants. Celles-ci se présentèrent en deux groupes, les pensionnaires d'abord, puis les orphelines. Agenouillées tout en larmes près de la couche de douleur du pieux agonisant (à *Saint-Ambroise*, lit auprès de la porte et adossé au mur qui longe le couloir), elles reçurent, avec une émotion qui se comprend mais ne se décrit pas, les derniers avis, la dernière bénédiction du Père dévoué qu'elles vénéraient à si juste titre et qu'elles ne devaient plus revoir.

Dans la nuit du 30 au 31 août, où il supporta des souffrances intolérables, il fut veillé par notre Révérende Mère assistée de Mère Saint-Charles.

Pendant cette terrible maladie, notre bonne Mère Saint-André ne quitta guère le chevet du patient. Elle, si habile et si dévouée, eût tant souhaité adoucir au moins les douleurs qu'elle ne pouvait empêcher !

En cette dernière nuit surtout, l'âme brisée mais forte et soumise dans l'épreuve, elle se prodiguait en soins délicats; elle soutenait le courage du vénéré malade en lui faisant remarquer : la brièveté de la souffrance, le Ciel entr'ouvert, Jésus qui attend...

Le 31, dans la matinée, il reçut la visite de son père. Il enlaça dans ses bras défaillants le vénérable vieillard qui fondait en larmes : « *Ne pleurez pas, mon cher papa*, lui dit-il ; *je suis content de mourir puisque le bon Dieu le veut!* »

Dans l'après-midi, des prêtres arrivèrent ; ils venaient de la retraite. Le malade, qui avait perdu connaissance depuis quelques instants, revint à la vie, regarda autour de lui et répéta avec angoisse : « *Mon bonheur est différé !!! Mon bonheur est différé !!!* »

Il ne le fut pas longtemps ; une nouvelle crise ne tarda pas et termina cette trop courte mais féconde existence.

Le bon Dieu répondait aux dernières aspirations de son fidèle serviteur, et l'appelait, malgré sa jeunesse, au repos de la céleste patrie.

Ses restes vénérés reposent au cimetière de Broons, tout près de la chapelle de Sainte-Madeleine. A gauche de la porte, en entrant, une simple croix de bois porte ces mots :

Louis-François RÉHEL,

né à Trémeur, le 8 mars 1823,

et décédé Chapelain de la Communauté de Broons,

le 31 août 1850.

De profundis.

Pendant que se déroulaient, en la paisible demeure, les événements que nous venons de signaler, des échos lointains apportèrent plus d'une fois de sinistres rumeurs qui contristaient les âmes et les conviaient à la pénitence et à la supplication.

La France perdait son roi; des barricades couvraient sa capitale; le sang de ses enfants en rougissait les pavés; Monseigneur Affre, frappé mortellement, formulait ce sublime souhait : « *Que mon sang soit le dernier versé!* »

L'Eglise avait-elle un meilleur sort ?
Son chef, le Saint Pontife Pie IX, avait remplacé Grégoire XVI en 1846 (16 juin). Les ovations enthousiastes qui se produisirent d'abord ne rassuraient guère le nouveau Pontife. « *Vive Pie IX . Mort aux Jésuites !* » criait la foule que dirigeaient Mazzini et Garibaldi. C'était aussi la révolution.

« *Au dimanche des Rameaux*, disait tristement le doux Pontife, *va succéder la semaine de la Passion !* »

En effet, son fidèle ministre, Rossi, tombait bientôt sous le fer de lâches assassins. « *Le Comte Rossi est mort martyr, Dieu recevra son âme en paix,* » affirmait Pie IX en apprenant cette fatale nouvelle.

Le Pape lui-même, pressé et protégé par les ambassadeurs de France et de Bavière, dut fuir dans la nuit du 24 au 25 novembre, et se réfugier à Gaëte, dans les Etats du roi de Naples, Ferdinand II.

Grâce à l'intervention de l'armée française, Pie IX rentra dans la Ville éternelle le 12 août 1850.

Une fois de plus, « *la Fille aînée de l'Eglise avait abandonné son épée à la main de Dieu, qui s'en servait pour écrire une nouvelle page de l'histoire et de l'humanité...* »

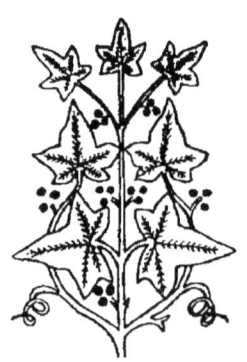

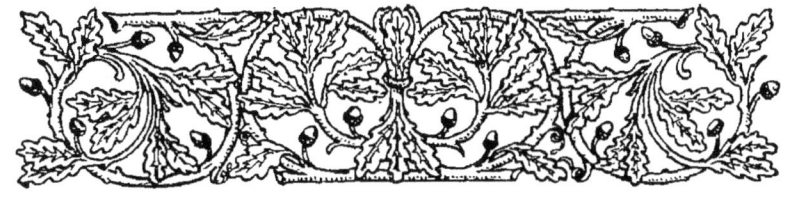

III

Premières fondations : 1° dans les paroisses environnant la Maison-Mère, 1844-1860; 2° dans quelques autres diocèses de France, 1853-1860.

 cette époque, tout concourait à propager, parmi le peuple, l'instruction dont on appréciait de plus en plus l'importance et la nécessité.

La loi de 1833, qui régissait alors les écoles, se prêtait à leur diffusion; la loi de 1850 devait se montrer plus libérale encore.

L'Eglise conservait tout son droit de direction et de surveillance sur les Congrégations et leur enseignement.

D'autre part, sous l'influence du souffle divin naissaient, sur le sol de France, de nombreuses vocations de Frères enseignants et de Sœurs enseignantes.

Telle se présentait la situation générale.

Que devenait la Congrégation de Sainte-Marie?

A l'intérieur tout se réglait et s'affermissait.

Pendant qu'elle travaillait à la rédaction d'une Règle définitive, la nouvelle Supérieure ne négligeait pas la direction intérieure de la Maison. Avec une activité, un entrain qu'elle savait communiquer à son entourage, la Mère organisait les différents emplois, donnait aux œuvres une impulsion puissante, et se prodiguait partout avec un zèle qui n'eut jamais d'autre limite qu'une humble soumission aux Directeurs nommés par l'autorité diocésaine.

Plestan faisait connaître à l'extérieur les Filles de Sainte-Marie; mais quiconque visitait l'établissement de Broons était frappé de l'ordre, de la concorde et du bon esprit qui mettaient à l'unisson tous les cœurs et toutes les volontés.

Cette union était bien faite pour attirer des recrues. Aussi les demandes affluèrent bientôt; de pieuses filles ambitionnaient la faveur de servir Jésus et Marie près des Fondatrices et de leurs aides, à la vie si édifiante, et frappaient à la porte du Noviciat, où leurs âmes se trempaient au creuset du sacrifice et se formaient à tous les dévouements.

Bientôt, plusieurs paroisses voisines désirèrent posséder quelques Religieuses de Sainte-Marie et préparèrent de nouveaux champs d'action à ces petites servantes de Jésus et des pauvres.

Les prêtres, de concert presque toujours avec les maires, sollicitaient comme une faveur la venue d'un petit groupe de Religieuses, pour s'occuper de l'éducation des enfants et du soin des pauvres malades.

Ainsi s'établirent successivement les succursales de :

Corseul.	Trigavou.	Plénée-Jugon.
Caulnes.	Saint-Jouan.	Plumaugat.
Rouillac.	Lescouët.	Plédéliac.
Jugon.	Saint-Igneuc.	St-Nicolas-du-Pélem.
Tramain.	Noyal (L.).	Guitté.

Raconter les débuts de l'une de ces fondations, c'est donner une idée de toutes les autres.

Entre elles, en effet, existaient de nombreux traits de ressemblance; outre leur but général partout le même, ces œuvres similaires présentaient cette autre caractéristique : elles commençaient dans une grande pauvreté.

Si angoissante que devint parfois cette croix de la Providence, jamais elle ne découragea les fidèles amantes de Jésus crucifié.

***

« Le nom de Corseul, écrit M. Gaultier du Mottay dans son étude sur les Côtes-du-Nord, éveille les plus douces émotions de l'archéologue; pourtant l'étranger ne se douterait guère en parcourant ce joli petit bourg formé de blanches et coquettes maisons, qu'il foule l'emplacement d'une cité gallo-romaine, l'antique *Civitas Curiosolitarum*. Cinq voies ou routes, encore visibles en quelques endroits partaient de cette ville dans la direction de Carhaix, Vannes, Dol et Saint-Servan. En fouillant le sol, on a fait, en plusieurs endroits, des découvertes d'un grand intérêt... Tout fait espérer que de nouvelles richesses archéologiques viendront s'ajouter à celles que l'on a découvertes dans ce *Pompéi breton...* »

C'est le champ d'action offert aux Filles de Sainte-Marie par M. le Recteur et M. le Maire de Corseul, qui fournirent une maison, au village de l'Hôtellerie, pour loger les Sœurs.

Dès le début, la classe se tint tout près du presbytère, dans une maison qui réunissait petits garçons et petites filles. La classe des Sœurs occupait le rez-de-chaussée; celle du Frère, la chambre au-dessus. Le Frère et ses élèves entraient par le jardin du presbytère; les Sœurs passaient de la rue dans leur classe.

On imagine facilement ce que les uns et les autres eurent à souffrir dans cette situation; néanmoins, on n'entendit jamais une plainte et le bon accord resta parfait.

Pendant trois ans, les Sœurs, au nombre de deux, demeurèrent à l'Hôtellerie, et les trois années suivantes à l'Abbaye.

Chaque jour, quel que fût le temps, il fallait se rendre à l'église, à la classe. Les Sœurs avaient une assez longue route à parcourir. Qu'importe? le bon Ange comptait les pas, et l'on marchait allègrement.

L'institutrice revenait au logis à midi et le soir. Le matin, elle mettait dans sa poche un morceau de pain, qu'elle mangeait au milieu de ses élèves après avoir entendu la Sainte Messe. Si le temps était trop mauvais, c'était aussi son repas de midi; et elle se portait à merveille, racontait-elle plus tard.

On voyait avec édification l'aimable et si bonne Mère Sainte-Gertrude prodiguant ses visites consolantes aux pauvres malades, ses soins pieux au linge de l'église, à l'ornementation des autels.

L'infirmière et l'institutrice s'aidaient mutuellement et se remplaçaient dans les travaux du ménage et de la cuisine. Et quelle cuisine! Elle n'exigeait guère de préparation. Les pommes de terre, le lait et la bouillie d'avoine ou de blé noir en composaient l'ordinaire. Aux repas copieux paraissait la *galette* ou du pain, avec un peu de beurre ou des pommes cuites. Tous les légumes étaient acceptés. Un plat de betteraves, entre autres, figurait souvent après le potage, et Mère Saint-Arsène avoua, dans la suite, qu'il lui était peu agréable et ne la soutenait guère dans ses grandes fatigues.

Les conditions devinrent plus favorables dans la suite, et la situation des Sœurs s'améliora. Elles habitèrent la maison construite, de 1848 à 1850, par la commune. Il vint une Sœur qui s'occupa de la cuisine; et peu à peu une, puis plusieurs aides pour l'institutrice. Celle-ci conserva néanmoins son esprit de pauvreté et de simplicité religieuses. Pour l'amélioration de sa maison, elle demandait peu à la commune. Elle s'occupait très peu d'elle-même; elle pensait surtout à procurer le bonheur de ses compagnes, le bien de ses élèves et de toutes les familles de la paroisse.

Animée d'un saint zèle, elle remplissait généreusement la tâche de chaque jour. Près de leur chère institutrice, les enfants se groupaient, nombreuses et joyeuses, et recevaient à la fois l'enseignement religieux, qui forme d'excellentes chrétiennes, et les connaissances intellectuelles, utiles pour la sage administration d'une maison.

La digne infirmière reçut une autre destination, et Mère Saint-Arsène devint Supérieure à Corseul. « Jamais, disait plus tard l'humble Religieuse, peine aussi sensible ne m'a frappée. Je me reconnaissais si peu d'aptitudes à remplir ces obligations! Le bon Dieu m'a aidée; c'est en Lui que j'avais mis toute ma confiance... »

Oui, le bon Dieu l'aida, en proportion de son humilité si sincère. Bientôt elle deviendra pour tous « *la bonne Mère Saint-Arsène* », et elle méritait cette appellation, car toute sa vie elle se montra si délicatement bonne! Jamais on ne l'abordait sans trouver chez elle ce visage ouvert, ce gracieux sourire qui toujours précédait le mot affectueux et le bon conseil. Elle puisait ces précieuses qualités à leur véritable source, dans le cœur de Notre-Seigneur : avant tout, Mère Saint-Arsène fut une sainte Religieuse.

En semant le bien sur ses pas, elle passera, au milieu d'une population reconnaissante, cinquante années d'une existence attristée, à son déclin, par des mesures persécutrices. Le disciple sera toujours traité comme son divin Maître.

*
* *

Le diocèse de Saint-Brieuc bénéficia le premier, et dans une large mesure, du zèle dévoué des Filles de Sainte-Marie.

C'était justice.

Prospère, grâce à la paternelle bonté des Evêques, à la sympathique bienveillance du clergé et à celle des familles chrétiennes qui l'entouraient, la Congrégation devait son temps et ses soins à cette partie de terre bretonne qui venait de lui donner naissance et se réjouissait de ses développements.

Mais les ouvrières nombreuses et généreuses que le Ciel lui envoyait permettaient de réaliser un plus grand bien; il convenait donc d'accepter d'autres postes qui l'appelaient, où la bénédiction des Evêques et l'appui des Pasteurs lui permettraient de procurer la gloire du bon Dieu et le salut des âmes.

Même en pays chrétien, la vérité oblige parfois de redire avec une profonde tristesse : « La moisson est grande, mais il y a peu d'ouvriers. »

Par quels moyens le Père de famille dissémina-t-il ces humbles Religieuses aux diverses parties de sa vigne?

On peut remarquer que ce bon Maître se sert en ce moment des prêtres et des religieux qui passaient à la Communauté.

M. Juhel, Recteur de Boistrudan (Ille-et-Vilaine), vint conduire un sourd-muet à la retraite. Ces retraites spéciales se donnaient alors à la Communauté de Broons.

M. Juhel vit les Religieuses à l'œuvre, et il en obtint pour sa paroisse (1851).

Mlle Duportal, de Vannes, suivit les conseils d'un religieux qui présidait, à Broons, les exercices d'une retraite; elle établit des Sœurs à Arzal, Morbihan (1858).

Cette fondation eut bientôt une voisine, Le Guërno, grâce à la bienveillante recommandation de M. le Recteur d'Arzal.

*
* *

En même temps, la Congrégation franchissait les limites de la Bretagne.

Les Pères Jésuites, qui donnaient les retraites aux Religieuses, connaissaient les besoins des diverses parties de la France.

Ces religieux, de résidence à Bourges, le Père Bazire en particulier, recommandèrent la petite Congrégation bretonne aux familles charitables désireuses de ramener ces populations aux pratiques trop négligées de notre religion sainte.

En ce pays autrefois si catholique et devenu si oublieux de ses devoirs, travailler à la gloire du bon Dieu et au salut des âmes, réveiller la foi si profondément endormie au cœur des enfants et des malades, c'était œuvre éminemment apostolique; là, plus qu'ailleurs, il y avait du bien à réaliser.

Aussi, les Filles de Sainte-Marie n'hésitèrent pas; et bientôt elles comptèrent en Berry cinq écoles florissantes.

Mais comment arriver à ces terres lointaines? Il nous paraît intéressant de consigner ici quelques souvenirs.

Un obligeant récit nous donne les indications suivantes :

« En novembre 1853 eut lieu le premier départ pour le Berry.

» Les Sœurs, appelées par la famille Masquelier, étaient conduites par Mère Sainte-Thérèse, et se rendaient à Saint-Maur, près Châteauroux.

» Pour aller au Berry à cette époque, il fallait voyager pendant trois jours.

» Partant de Broons, les Sœurs étaient ordinairement conduites en voiture, par les domestiques de la Communauté, jusqu'à Rennes où elles couchaient.

» Le lendemain, elles allaient en chemin de fer jusqu'à Tours, où elles devaient attendre la diligence qui faisait le trajet entre Tours et Châteauroux. Comme le parcours ne pouvait s'effectuer en un seul jour, il fallait passer une partie de la nuit à Loches, d'où l'on partait vers trois heures du matin pour arriver à Buzançais à six heures, puis à Châteauroux à neuf heures.

» Pour éviter de passer la nuit dans les hôtelleries où s'arrêtait le postillon, les Sœurs revenaient quelquefois en chemin de fer de Châteauroux à Orléans, pour descendre ensuite à Tours d'où l'on pouvait gagner Le Mans et Rennes. Mais le voyage coûtait plus cher par cette voie, bien que l'on eût alors la faveur des demi-places accordées par les Compagnies de l'Ouest et d'Orléans.

» Aujourd'hui que l'on peut faire ce même trajet en quatorze heures, on ne se doute guère des fatigues et des difficultés qu'offrirent ces premiers voyages.

» Aussi ne revenait-on à Broons que tous les trois ou quatre ans, pour la retraite que l'on appréciait d'autant mieux qu'on la désirait longtemps à l'avance... »

Une autre Religieuse raconte son premier voyage en Berry :

« Je vivrais cent ans, je m'en souviendrais encore !...

» Nous quittions notre Maison-Mère vers sept heures du matin. Mère Saint-Paul nous accompagnait et soutenait notre courage.

» Le chemin de fer n'existait pas à Broons. François Renouvel nous conduisait à Rennes, où nous arrivions à sept heures du soir, juste à temps pour prendre le train.

» Pour la première fois, me voilà en wagon ! Il y avait beaucoup de marins, qui tapageaient !!!

» Quand le train s'ébranla, il se fit un silence relatif, ce qui nous permit de réciter nos prières assez tranquillement.

» A onze heures et demie, nous arrêtions au Mans, où nous passions le reste de la nuit dans les salles d'attente. Après un petit déjeuner pris à l'hôtel, nous partions pour Orléans par Amboise, Blois, Chambord et Orléans, où nous arrivions vers midi.

» Après le dîner, nous visitions la statue de Jeanne d'Arc, puis nous prenions le train pour descendre à Vierzon, vers neuf heures du soir, et subir une heure d'arrêt.

» A neuf heures, nouvel embarquement ; nous traversions Lury, Reuillé, Sainte-Lizaine, Issoudun, Neuvy-Pailloux, pour arriver à Châteauroux vers minuit.

» Inutile de chercher un lit ; nous aurions dormi debout, tant la fatigue nous accablait !

» Quand le jour parut, nous nous rendîmes à l'oratoire des Pères Rédemptoristes, afin d'assister à la Sainte Messe. La belle chapelle des Pères n'était pas construite alors.

» A dix heures, le train nous emportait vers la gare de Luant, où Mère Sainte-Thérèse et Mère Saint-Eusèbe nous attendaient. Enfin, nous étions reçues par des Sœurs de notre Congrégation !

» Cette petite halte ne dura guère; dans l'après-midi, il fallut se rendre à Saint-Maur, à huit kilomètres de distance.

» Après deux nuits et trois jours de voyage je trouvai mon lit bien bon.

» Mais, dès avant l'aube, Mère Sainte-Thérèse me réveillait. Je mangeai de la soupe à la citrouille, et nous voilà toutes deux, vers cinq heures et demie, sur la route qui conduit à Villedieu. C'étaient huit kilomètres à parcourir.

» Mère Sainte-Thérèse restait à jeun; elle voulait faire la sainte Communion dans l'église de Villedieu !

» Existe-t-il encore des tempéraments de ce genre ?

» Pour moi, j'atteignais le terme de mon voyage, et je trouvais que ce n'était pas trop tôt !!!... »

*
* *

Nous venons de lire par quels moyens humains le bon Dieu voulut bien étendre le champ d'action des Filles de Sainte-Marie.

Avec quelle rapidité étonnante s'étaient réalisés ces desseins providentiels ! En 1845, la Congrégation n'avait que deux succursales : Plestan et Plénée-Jugon. Quinze ans plus tard, elle en comptait vingt-cinq !

Désormais, dans ces bourgades, on pouvait voir ces humbles Religieuses occupées tout le jour des enfants, des pauvres, des malades : modeste mais salutaire apostolat dont parlait en ces termes un célèbre orateur de ce temps [1] :

« ... La paroisse ne tarde pas à prendre une physionomie nouvelle. Depuis que la pieuse Sœur y a planté sa houlette, les brebis, autrefois vagabondes, maintenant serrées autour d'elle, ne sont plus la proie du loup, et on ne les surprend plus à s'égarer dans les pâturages défendus. En retour, le temple est fréquenté, les instructions du pasteur sont écoutées et comprises, les sacrements sont en honneur, l'image de Marie est entourée de fleurs et de prières... »

[1] Cardinal Pie.

M. l'Abbé J. LEMÉE, Aumônier
(1852-1857).

IV

M. l'Abbé Boutrais. — M. l'Abbé J. Lemée. — Construction de l'Aumônerie. — Dogme de l'Immaculée-Conception. — M. l'Abbé F. Lemée. — Décès de Monseigneur Le Mée. — Lourdes. — 1850-1860.

Nous avons vu précédemment le court passage à notre Communauté de M. l'Abbé Réhel, faisant office de Chapelain.

Il fut remplacé, en septembre 1850, par M. l'Abbé Boutrais, natif de Plénée-Jugon, qui remplit cette charge jusqu'au 28 février 1852.

De 1847 à 1852, M. l'Abbé Coulombel avait la direction spirituelle des Religieuses.

A cette époque, Monseigneur délégua M. Joseph Lemée, né à Dinan, et le nomma Chapelain-Directeur de la Communauté.

Cet excellent prêtre, parfaitement doué sous le rapport de la science et de la vertu, rendra des services éminents dans ce poste que le bon Dieu lui confiait.

En mars 1852, la Révérende Mère réunit les matériaux pour la construction d'une Aumônerie, dont elle-même traça le plan de concert avec M. Lemée.

Depuis son arrivée, M. l'Aumônier prenait sa pension à la cure de Broons. A la saint Michel, il vint habiter cette maison qu'on venait de lui bâtir.

Au mois de septembre de cette année 1852, notre humble Communauté reçut de nouveau la visite et les bénédictions de Monseigneur Le Mée, qui continuait de prodiguer, à ses Religieuses, ses sages conseils et son paternel dévouement.

C'est en 1853 que notre Congrégation s'agrégea à l'œuvre si religieuse de l'adoration perpétuelle. Le 4 mai fut le jour attribué aux Filles de Sainte-Marie pour offrir à Notre-Seigneur des hommages particuliers d'adoration, d'amour, de réparation.

Cette même année, M. le Chanoine Rault, Secrétaire de l'Evêché, délégué par Monseigneur, présida les élections générales, qui maintinrent dans sa charge de Supérieure la Révérende Mère Saint-André, et lui donnèrent pour Assistante Mère Saint-Paul (29 août).

*
* *

Avec sa perspicace intelligence, la Révérende Mère savait prévoir et préparer l'avenir.

Elle veillait à la formation de la volonté, si importante à la religieuse, et au développement intellectuel, force d'une Congrégation enseignante.

Vers 1848, la chapelle s'était enrichie d'un harmonium, si utile pour accompagner les chants et rehausser les cérémonies du culte.

D'après les conseils du Révérend Père Fondateur, Sœur Sainte-Marie de Jésus (Charlotte Faisnel) avait été envoyée à Lamballe pour se perfectionner dans la musique instrumentale. Malheureusement, elle mourut quelque temps après. Sœur Saint-Joseph (Louise Bouvier), désignée pour la remplacer dans cette étude, reçut en même temps des leçons de dessin que Mlle de Châlus lui donnait, ainsi qu'à plusieurs autres Sœurs, avec grande bonté et dévouement.

Dans les classes du Noviciat, il y avait instruction solide et généreuse application.

Des postulantes, qui subirent les épreuves de l'examen en 1851 et 1853, obtinrent le diplôme d'institutrices.

Quelque temps plus tard, on fit remarquer qu'il ne convenait peut-être pas à des Religieuses de figurer ainsi dans les assemblées publiques, de se présenter devant les jurys d'examen...

En attendant une décision plus précise, les études continuèrent leur cours dans une proportion très satisfaisante.

Le 8 décembre 1854 est une date chère à tous les cœurs chrétiens, parce qu'elle glorifia Marie.

En ce jour, dans la Basilique vaticane, en présence de deux cents évêques et d'une foule nombreuse de fidèles, au sein d'un profond silence, « de sa propre autorité, et en vertu de l'assistance divine promise à Pierre et à ses successeurs, Pie IX parla, prononça, définit... »

C'est le jour qui, selon les belles paroles d'un mandement de Monseigneur Dupanloup, « couronna l'attente des siècles passés, bénit le siècle présent, appela la reconnaissance des âges à venir et laissa une impérissable mémoire... »

Notre Révérende Mère aimait à invoquer la Très Sainte Vierge sous le titre d'*Immaculée*. Elle avait pour formule jaculatoire favorite : « *Bénie soit la Sainte et Immaculée Conception de la Bienheureuse Vierge Marie !* »

Pour obtenir la promulgation de ce dogme de notre foi, que d'instantes demandes elle fit monter vers le Ciel! que de prières elle sollicita de ses Religieuses, des Novices, des enfants des classes et des pensionnats de toute la Congrégation!

Quand enfin, cédant à sa dévotion personnelle, à la pieuse croyance des siècles écoulés, aux ardents désirs de tout l'univers chrétien, l'immortel Pie IX proclamait Marie Immaculée dans sa Conception, quelles acclamations retentirent dans la grande famille catholique! quelle douce joie remplit le cœur des humbles mais aimantes Filles de Sainte-Marie! Quel bonheur surtout pour leur pieuse Supérieure, dont la haute intelligence pénétrait mieux la beauté du nouveau fleuron que l'Eglise, en ce grand jour, ajoutait à la couronne de gloire de notre douce Mère et Reine du Ciel!

Il est donc facile de comprendre avec quelle ardeur de dévouement, au prix de quels sacrifices Mère Saint-André prépara les solennelles manifestations qui accompagnèrent ce grand fait de nos Annales ecclésiastiques.

Malgré la pauvreté de la Maison, rien ne fut épargné pour les décorations, les illuminations, les chants.

Dans la soirée de ce jour mille fois béni, Rome retentit d'acclamations enthousiastes, s'enguirlanda de flammes, d'inscriptions et de transparents emblématiques, et fut imitée, en ce même moment, par des milliers de villes et de villages, dans tous les pays où brillait la foi catholique.

Notre Communauté avait aussi ses pieuses et filiales splendeurs.

Des reposoirs avaient été improvisés sur la cour extérieure, aux principales parties de la maison.

Des inscriptions et des guirlandes ornaient la porte d'entrée.

L'infirmerie portait cette invocation :

Salus infirmorum, ora pro nobis.

La première classe présentait celle-ci :

Stella matutina, ora pro nobis.

La chapelle étincelait de mille feux. Tous les cintres entourant les statues et les piédestaux étaient garnis de lumières. A la chaire, aux fenêtres, sur la balustrade de la tribune, se trouvaient des transparents sur lesquels se lisaient, comme aux décorations de la cour, des invocations empruntées aux Litanies de la Sainte Vierge.

Le maître-autel était resplendissant, avec ses candélabres, ses bougies et ses fleurs.

Un salut du Saint-Sacrement eut lieu à six heures et demie; on lui donna toute la solennité possible.

M. l'Abbé Texier, Curé de Broons, y conduisit processionnellement ses paroissiens.

Gloire à Marie Immaculée!!!

Mère Saint-André avait eu la douleur de perdre son respectable père en 1852, le 25 avril, à 2 heures du soir.

Quelque temps auparavant, M. et Mme Petibon avaient acquis les *Buttes-du-Château,* au nom de leur fille religieuse, afin que celle-ci disposât de cette propriété en faveur de sa Congrégation. Tous deux exprimaient formellement ce désir.

Ce terrain, presque inculte, couvert de monticules pierreux, donna beaucoup de travail avant d'arriver à la verdoyante prairie qu'on y trouve aujourd'hui.

Un ruisseau qui ondule à travers ces terres offrait des avantages dont la Révérende Mère songeait à profiter.

Colonne de Duguesclin, aux Buttes du Château.

Vers 1856, elle prit des plans pour établir un vivier, un lavoir, une buanderie; le tout ne se termina qu'en 1860.

Jusqu'ici, la mort avait frappé rarement à la porte de la jeune Communauté.

La première Religieuse rappelée par le bon Dieu décéda en 1840 et fut inhumée dans le cimetière paroissial.

En 1855, le nécrologe avait inscrit le nom de sept Sœurs passées dans leur éternité, et dont les corps reposaient en ce même lieu.

Notre Révérende Mère et ses compagnes regrettaient de s'éloigner ainsi de leurs chères défuntes; aussi résolurent-elles de leur préparer une place de choix, tout près de la Communauté.

Pendant la retraite des Sœurs du Sacré-Cœur, mai 1857, ce cimetière fut bénit, avec toutes les cérémonies d'usage, par M. l'Abbé Souchet, Chanoine titulaire du diocèse de Saint-Brieuc, délégué par Monseigneur Le Mée pour procéder à cette consécration. Une petite fille, élevée parmi les orphelines, ouvrira la première tombe de ce modeste cimetière : Cécile Doublet, de Broons.

C'était une aveugle de naissance, que Notre Mère accueillit pour la préparer à sa Communion. A la Communauté et au dehors, on regardait cette enfant comme un ange de piété, de candeur. Douée d'une heureuse mémoire, elle apprit, en très peu de temps, le catéchisme et les prières; et elle appréciait ensuite, comme une grande récompense, la permission de les faire réciter à ses petites compagnes. Elle avait un cœur bon, affectueux, et se montrait si attachée à ses maîtresses que celles-ci eurent, plus d'une fois, à modérer ses prévenances et ses attentions.

Ce qui la distinguait surtout, c'était son tendre amour envers la Sainte Eucharistie : il suffisait de lui parler de la Communion pour voir rayonner sur son visage les joies pures qui inondaient son âme.

D'une santé très chétive, Cécile tomba, vers l'âge de treize ans, dans un état de langueur dont elle ne devait pas revenir.

Alors toute sa consolation était de recevoir le Pain des Anges. Son cœur, toujours avide de cette manne céleste, s'occupait tour à tour de saints désirs et d'actions de grâces.

Quand vint sa dernière heure, et que Jésus descendit une fois encore dans son âme angélique, l'enfant, transportée de joie et de reconnaissance, dit au moment de communier : « Voilà *tant* de fois que je reçois mon Dieu ! »

Dans sa mémoire reconnaissante, un tendre amour gravait le nombre exact de ces ineffables visites de Jésus-Eucharistie !

Peu d'instants après, elle expirait doucement. Ses yeux, qui ne s'ouvrirent jamais aux beautés de ce monde où se mêlent tant d'ombres, allaient contempler pour toujours les splendeurs inénarrables du royaume des Elus.

Cécile atteignait sa quatorzième année. Elle avait instamment sollicité la faveur de reposer dans le cimetière destiné aux Religieuses, « *pour en devenir la fondatrice* », selon son expression.

Auprès de cette enfant, de nombreuses Sœurs dormiront leur dernier sommeil.

En ces lieux qu'elles ont aimés, qui furent les témoins de leurs prières et de leurs labeurs, ces chères Religieuses attendront en paix le jour de la résurrection, au milieu de compagnes fraternellement affectueuses qui viendront, sur ces modestes tombes, s'agenouiller, s'instruire et prier.

*
* *

Depuis cinq ans, M. Lemée se dévouait pour notre Congrégation.

Animé d'un vrai zèle pour la gloire du bon Dieu, il travaillait à former à la vertu les âmes que la Providence lui avait confiées et procurait leur avancement dans le bien par une pieuse et solide direction. Toutes, d'ailleurs, trouvaient dans leur saint Directeur un modèle de charité, de piété, d'humilité. Sa vie ne fut que souffrances; mais ce digne prêtre sut souffrir avec courage et soumission à la volonté divine.

Le 29 septembre 1857, Dieu l'enlevait à sa chère Communauté.

M. l'abbé Lemée était âgé de quarante-deux ans. Son départ pour l'éternité causa une douleur bien légitime aux Sœurs qui avaient bénéficié de son pieux dévouement, et toute la Congrégation lui doit une sincère reconnaissance.

M. l'Abbé François Lemée, alors au Noviciat de la Compagnie de Jésus, vint assister à l'enterrement de son frère, M. Joseph.

Monseigneur J.-J.-P. Le Mée, évêque de Saint-Brieuc, ne lui permit pas de retourner à Angers, où il venait de faire huit mois de noviciat. Sa Grandeur le nomma Aumônier de la Communauté.

En l'obligeant à rester dans le poste laissé vacant par le décès de son frère, Monseigneur le rendait à une famille qui n'avait plus que lui pour appui. M. l'Abbé Lemée se résigna, mais avec une peine profonde.

Arrivé en octobre 1857, le nouvel Aumônier accepta, pendant quelque temps, de faire la méditation à la chapelle, chaque matin, ainsi que cet exercice se pratique pendant les retraites. Peu après il établit la conférence du dimanche, à dix heures, et s'appliqua tout spécialement à inspirer aux Religieuses un grand esprit de charité et d'humilité.

Sur la demande de la Révérende Mère, M. Lemée voulut bien surveiller les travaux des ouvriers et domestiques de la maison. Il dirigea les défrichements des terres du *Pont-du-Château*, les fit niveler et planter, et surveilla les constructions.

* * *

Bientôt, c'est le diocèse tout entier qui prend le deuil : le bon Dieu appelait à la récompense son fidèle serviteur, Monseigneur Le Mée, par ses œuvres l'un des plus grands évêques de Saint-Brieuc [1].

Cette perte fut douloureusement ressentie par les Filles de Sainte-Marie, qui avaient si souvent et si longtemps reçu les soins paternels et dévoués de l'Auguste Pasteur, depuis le jour où, Vicaire général, il daignait diriger les futures fondatrices, jusqu'à l'heure où ses forces le trahissant, le saint Evêque succombait sur la brèche.

Que le Ciel lui rende, en jouissances, les bienfaits dont il combla les Filles de Sainte-Marie !

* * *

Une nouvelle période de cinq années se terminait; les Sœurs furent appelées à désigner leurs Supérieures.

Aux élections du 8 août 1858, que présidait M. Lemée, en vertu d'une délégation de MM. les Vicaires capitulaires, les suffrages se réunirent, comme précédemment, sur la Révérende Mère Saint-André, et Mère Saint-Paul continua ses fonctions d'Assistante.

---

(1) Né à Iffiniac le 22 juin 1794, élevé au sacerdoce dans l'église de Saint-Sulpice, le 29 juin 1817, longtemps Vicaire général du diocèse de Saint-Brieuc, sacré Evêque dans la cathédrale de Saint-Brieuc le 8 août 1841, décédé le 31 juillet 1858.

Mais il fallait, entre la Mère et ses Filles dispersées en plusieurs diocèses de France, des rapports fréquents.

La retraite commune et les épanchements mutuels dont elle est l'occasion ne suffisaient pas à la zélée Supérieure.

En décembre 1858, elle envoya, dans toutes les maisons de sa Congrégation, la première de ces lettres communes qui, désormais, iront périodiquement, du cœur de la Mère à celui de ses Filles, pour encourager leurs œuvres, diriger leurs travaux, maintenir partout le même esprit de charité et de ferveur, d'ordre et de régularité.

Avec quelle hauteur de vues, quel esprit surnaturel elle traitait, dans ces circulaires, les vertus religieuses! Avec quelle bonté et quelle autorité elle adressait aux Sœurs ces mille recommandations qui garantissent l'observance de la Règle, l'esprit de simplicité, d'humilité, d'abnégation de nos vénérés Fondateurs!

Et comme l'exemple, chez elle, appuyait la leçon!

*
* *

Un écrivain disait un jour :

« La Vierge Marie, dont le trône occupe les splendeurs des Cieux, semble choisir la France pour son jardin; quand Elle veut se promener, c'est sur notre sol qu'Elle daigne descendre. »

Cette assertion s'est vérifiée plusieurs fois pendant que notre Congrégation prenait naissance et se développait providentiellement à l'ombre du manteau virginal de cette très douce Mère.

En 1830, le 18 juillet, le 27 septembre, et plusieurs autres fois jusqu'en 1836, la Vierge Immaculée révélait, rue du Bac, à Paris, les trésors de grâces qu'elle veut répandre sur la terre de France tout spécialement.

Le royaume de Marie a-t-il compris ces desseins de miséricorde ?

Au 19 septembre 1846, la Vierge apparaissait de nouveau, cette fois sur les âpres montagnes du Dauphiné. Deux pauvres enfants, qui gardaient leurs troupeaux, virent les larmes de la Céleste Visiteuse et reçurent ses plaintes.

« Mon peuple blasphème le nom du Dieu trois fois saint... Mon peuple ne sanctifie pas le jour du Seigneur... Mon peuple n'observe pas la loi de l'abstinence... Des malheurs vont fondre sur votre sol... »

On parlera, plus tard, de nouvelles manifestations, et spécialement à Pontmain, en 1871.

Mais aux grottes de Massabielle, l'Eglise l'a reconnu, en cette année 1858, la Vierge apparut dix-huit fois à l'humble Bernadette.

De ses lèvres divines tombèrent ces mots : « *Pénitence ! pénitence ! pénitence !!!* »

Au 25 mars, la Vision céleste voulut bien dévoiler son nom à l'enfant qui le demandait : « *Je suis*, dit-elle, *l'Immaculée-Conception !* »

L'Auguste Marie descendait du Ciel : elle venait convier à l'expiation ; elle venait surtout sanctionner elle-même le dogme que le Saint Pontife Pie IX proclamait en 1854.

Et que de miracles, sur ce roc privilégié, manifesteront la puissante bonté de la Vierge Immaculée et de Jésus-Eucharistie !!!

TROISIÈME PARTIE

Supériorat général

Deuxième période : 1860-1880

I

Castelfidardo. — Visite de Son Eminence le Cardinal Donnet. — Construction de la maison Saint-Joseph. — Décès de Monseigneur Martial. — M. Ollivier, vicaire général, nommé Supérieur ecclésiastique. — L'orphelinat cesse d'exister. — Etudes. — Suppression du pensionnat. — L'Année « *terrible* ». — 1860-1871.

L'ANNÉE 1860 évoque toujours le souvenir des Etats pontificaux brutalement envahis par des fils rebelles, alors que toutes les puissances délaissaient l'Auguste Père de la grande famille catholique.

Mais, en même temps, la pensée émue et reconnaissante revit des scènes sublimes.

C'est le général Lamoricière s'élançant vers l'Italie pour défendre la cause de Pie IX, « qui semble, dit-il, humainement fort compromise, mais c'est une de ces causes pour lesquelles je serais heureux de mourir. »

Et, à sa suite, des phalanges de jeunes défenseurs, à l'âme ardente, au cœur généreux, s'en vont « *servir un saint sous les ordres d'un héros !* »

Héros eux-mêmes, ils combattent avec une vaillante intrépidité dans les plaines de Lorette et de Castelfidardo (18 septembre).

***

Le 30 mai 1860, notre Communauté eut l'honneur de recevoir un prince de l'Eglise : Son Eminence le Cardinal Donnet, venu rendre visite à Monseigneur Martial, voulut bien interrompre un instant son voyage et prendre l'hospitalité chez les Filles de Sainte-Marie.

A cette occasion, Madame la Supérieure avait convié, à la table du Cardinal, le Clergé du canton et les Recteurs des paroisses environnantes où se trouvaient établies nos Sœurs. Ils vinrent au nombre de trente-cinq environ ; ils s'estimèrent très heureux de faire connaissance avec Son Eminence et se retirèrent enchantés de son aimable simplicité.

***

Depuis deux ans, on préparait, pour les Novices, la construction d'un local qui les séparât davantage du reste de la Communauté et se trouvât plus en rapport avec leur nombre et avec les exigences du moment.

Des matériaux avaient été réunis, des plans s'élaboraient, et bientôt l'on vit s'élever un bâtiment très confortable et parfaitement distribué, avec une vue superbe du côté nord ;

il occupait tout l'espace situé entre la cuisine et l'aumônerie (1860-1861).

A la façade principale, une statue de saint Joseph occupa la place d'honneur. Ce Saint Patriarche, Père et Protecteur de la sainte Famille, était ainsi constitué Père et protecteur des nombreuses générations de jeunes filles qui viendront, dans cet asile béni, se former à la vie pieuse et laborieuse, à l'exemple de l'humble artisan de Nazareth.

Qui eût pensé, en ce moment, que trente-cinq ans plus tard ce local manquerait d'air et d'espace, et qu'il faudrait construire de nouveau et dans de plus vastes proportions ?

*
* *

Une peine de cœur très sensible atteignit M. Lemée. Sa bonne mère, qui vivait près de lui depuis quelque temps, passa dans son éternité en octobre 1861.

Notre Révérende Mère en informa toute la Congrégation, en sollicitant des prières.

« Hier, écrivit-elle, Mme Lemée fut enterrée dans notre cimetière, selon le désir de son fils.

» Comme vous le pensez, c'est un coup fort douloureux pour lui, qui aimait tant sa mère !... Mais vous connaissez sa force d'âme ; il l'a encore bien prouvée en cette circonstance. Mme Lemée a voulu être administrée par son fils, ce qu'il a fait avec une foi et un courage admirables. Il l'a assistée jusqu'à la fin. C'est lui qui a récité les prières des agonisants, et, après qu'elle eût expiré, il dit le *De profundis*. Enfin, il l'a conduite jusqu'au tombeau, et est allé, le premier de la famille, jeter l'eau bénite sur sa tombe. M. Remy l'accompagnait... »

*
* *

L'année allait achever son cours, quand le bon Dieu enleva soudain, à l'Eglise de Saint-Brieuc, son premier Pasteur.

Monseigneur Martial, que tous aimaient pour son zèle, son aménité, sa bienfaisance, mourut subitement, au retour d'une visite pastorale, le 26 décembre 1861 [1].

« *Un Evêque*, disait le vénéré Prélat, *doit se dépenser pour ses ouailles; il ne peut vivre plus de trois ans !* »

Son successeur, Monseigneur David, nommé au cours de janvier 1862, ne reçut la consécration épiscopale que le 2 juillet.

L'année 1863 finissait une période quinquennale.

Les élections du 10 août, présidées par M. Le Breton, Vicaire général, Evêque nommé du Puy, renouvelèrent le mandat de la Révérende Mère Saint-André et de son Assistante, Mère Saint-Paul.

Trop surchargé par l'administration compliquée de son vaste diocèse, le nouvel Evêque résolut de confier à l'un de ses collaborateurs le soin de notre Congrégation.

Le 10 mai 1864, Monseigneur David écrivait à Madame la Supérieure qu'il venait de nommer pour Supérieur ecclésiastique, M. Ollivier, son Vicaire général.

Et Sa Grandeur annonçait, pour le lendemain, la première visite du Supérieur délégué.

M. le Vicaire général arrivait en effet le lendemain.

---

(1) Guillaume-Elisée Martial, né à Bordeaux en 1796, ancien élève du Collège Stanislas, ancien Vicaire-général de l'Archevêque de Bordeaux, fut sacré dans la primatiale de Saint-André le 21 novembre 1858, et fit son entrée solennelle à Saint-Brieuc le 4 décembre de la même année.

S. G. Mgr G.-E. MARTIAL,
Evêque de Saint-Brieuc et Tréguier
(1858-1862).

Après avoir offert le Saint-Sacrifice de la Messe, il adressa aux Sœurs quelques paroles d'édification et d'encouragement.

Il leur donnera ses soins jusqu'en 1873.

*
* *

Dès le commencement de son existence, la Congrégation de Sainte-Marie s'occupa des orphelines et les reçut à des âges divers : les unes essayaient à peine leurs premiers pas ; d'autres avaient grandi sans aucune culture de leurs facultés physiques et morales ; d'autres possédaient une petite éducation ; quelques-unes, très rares, avaient communié avant leur entrée à l'Orphelinat.

Ainsi se groupèrent cinq ou six enfants, puis une dizaine, et bientôt de vingt-cinq à trente. Cette dernière moyenne fut toujours atteinte pendant plus de vingt années consécutives.

C'était un beau champ d'action et de dévouement pour les Religieuses qui veillaient, avec une tendre charité, sur chacune de ces enfants, afin de leur assurer tous les soins nécessaires à leur âge, à leur situation actuelle et à la préparation de leur avenir.

Ces enfants partageaient la nourriture des Sœurs ; si les provisions devinrent un peu minimes parfois, jamais les orphelines n'eurent à en souffrir.

Il n'y avait point d'uniforme, sinon une coiffure consistant en un petit bonnet de mousseline, aussi joli que modeste ; les autres vêtements, toujours propres et convenables, provenaient, en grande partie, d'étoffes fabriquées à la Maison.

Le plus tôt possible, on habituait ces enfants à l'ordre et au travail. La tâche était proportionnée à leur force; elle variait aussi selon leurs goûts, leurs aptitudes naturelles ou acquises, et selon les besoins ou les désirs des familles.

Ordinairement, ces orphelines se remplaçaient aux divers ouvrages que l'on peut demander à une jeune fille. Pendant que les unes apprenaient la couture, le tricot, le raccommodage, d'autres s'exerçaient aux soins de la cuisine, à la bonne tenue des appartements, au repassage, au lessivage; quelques-unes s'occupaient à la fabrication des tissus, où, tour à tour, on les voyait carder, filer et seconder les Sœurs dans les travaux de teinture.

Les bons points encourageaient et récompensaient le travail; c'était une monnaie très appréciée, une salutaire émulation. Tous les mois, le relevé de ces bons points permettait aux plus méritantes de figurer au tableau d'honneur et même de recevoir une récompense.

A ces moyens disciplinaires se joignait une sage distribution de la journée, fixant les heures de l'étude, du travail, de la récréation, de la prière. Ainsi les familiarisait-on avec cette régularité qui prévient la perte de temps, l'ennui, le désœuvrement et toutes les misères qui en sont les tristes conséquences.

Toutefois, le côté matériel était mis au rang qui lui convient : la culture de l'esprit et du cœur tenait la place d'honneur dans cette œuvre essentiellement chrétienne.

Les plus jeunes suivaient des cours en rapport avec leur âge : on leur enseignait la lecture, l'écriture, le calcul. Pendant les travaux manuels, toutes apprenaient des chants, des cantiques qui enrichissaient leur mémoire.

On visait surtout à former le cœur de ces enfants à la piété, à la vertu, à l'amour du travail, dispositions capitales chez la jeune fille.

Le catéchisme formait l'en-tête de leur code d'éducation; aussi en connaissaient-elles la lettre, l'esprit et la pratique.

Tous les dimanches elles assistaient aux offices de la paroisse; et quand la Communauté posséda un Aumônier, elles entendirent la Sainte Messe chaque matin.

Rien d'étonnant que l'amour de la Sainte Vierge occupât une place de choix parmi leurs dévotions; chaque jour, tout en travaillant, elles récitaient deux chapelets : un dans le cours de la matinée et l'autre dans l'après-midi.

La sortie, comme l'admission, dépendait souvent des circonstances. On a vu quelques-unes de ces adolescentes rester à la Communauté jusqu'à l'âge de dix-huit ans, de vingt ans; d'autres se retiraient plus jeunes. La Révérende Mère ne consentait à leur départ qu'après leur avoir assuré des situations très convenables, leur permettant de gagner honnêtement leur vie, sans craindre de voir étouffer dans leur cœur la foi et les autres vertus chrétiennes.

Presque toujours, ces jeunes filles se montrèrent fidèles aux enseignements reçus et donnèrent beaucoup de consolation aux Religieuses, leurs éducatrices.

Depuis quelque temps, les œuvres de ce genre s'étaient multipliées. Vers 1860, plusieurs Evêques désapprouvèrent l'établissement des ouvroirs. « L'expérience, disaient-ils, démontrait que les jeunes filles trop tôt séparées de leurs parents s'en détachaient et ne voulaient plus rentrer dans leurs familles; elles cherchaient à se placer en ville, loin de toute surveillance et couraient souvent à leur perte.

» Restées chez leurs parents, elles auraient partagé leur vie pénible ; elle les auraient aimés et soulagés dans leur vieillesse et se seraient sauvées plus sûrement et plus facilement. »

La Mère Supérieure eut rarement à déplorer ces résultats fort regrettables. Néanmoins, quelques-unes des enfants qu'elle avait placées dans de bonnes maisons, en étaient sorties pour aller se perdre à Paris. Elle crut qu'il était de son devoir de se rendre aux avis de Nos Seigneurs les Evêques. Elle remit à leurs parents, après leur première Communion, les enfants qui étaient dans la Maison, et elle n'en reprit plus à l'avenir.

Voici des souvenirs recueillis tout récemment ; ils restent gravés dans une mémoire de soixante et quelques années.

« Selon votre désir, je viens de causer avec Mesdames... La bonne J... était tout émue en rappelant la bienveillance de Mère Petibon à son égard.

» Confiée toute jeune encore à sa maternelle direction, l'enfant comprenait l'intérêt que cette digne Religieuse lui portait. Aussi la sévérité de la Mère Supérieure à l'égard de J... était pour celle-ci une preuve certaine d'affection bien ordonnée. Cette vérité devint de plus en plus évidente aux yeux de cette enfant, à mesure que sa raison se développait davantage.

» La Révérende Mère aimait tant son petit troupeau d'élite ! et elle était si bien payée de retour !

» C'était fête, pour ces chères orphelines, quand arrivait la nomination des bons points obtenus, des places méritées. Elles jouissaient de posséder celle qu'elles nommaient à si juste titre leur *Mère*, et qui en gardait à leur égard tous les sentiments. Elles s'édifiaient en contemplant la douce physionomie de cette Religieuse où se reflétaient la bonté de cœur et l'esprit de recueillement d'une âme qui vivait près du bon Dieu.

» Dans ces conditions, rien d'étonnant que blâmes pour les unes, félicitations ou encouragements pour les autres, tout fût accueilli avec reconnaissance et parfaite soumission.

» Mère Petibon voulait que ces enfants eussent largement le nécessaire. La bonne J... a vu Sœur Félicité porter à la Révérende Mère le plat destiné aux orphelines, et qu'elle ne trouvait pas en rapport avec ces jeunes appétits toujours en éveil. Mère Saint-André prenait le plat, et, enlevant une petite portion à chacune des tables du réfectoire des Sœurs, elle augmentait de moitié la part des enfants... »

Mme la Supérieure reporta vers les malades les aumônes de la Congrégation. Toutes les maisons succursales furent autorisées à donner aux malades pauvres les remèdes dont ils avaient besoin ; et, à la Maison-Mère, on distribua, chaque année, beaucoup de remèdes et de vêtements.

* * *

Les études n'avaient point été négligées ; la Révérende Mère en comprenait trop bien toute l'importance.

Néanmoins, en octobre 1864, Mère Saint-André adressait aux Sœurs, dans une de ses lettres communes, des recommandations pressantes, faites à toutes les institutrices par Monseigneur l'Evêque, et concernant le soin à donner à la préparation des classes.

En janvier 1865, rappelant ses avis du mois d'octobre précédent, la Révérende Mère détermina que chaque Sœur prendrait une heure et demie d'étude, laquelle devait toujours commencer par la préparation des devoirs à donner aux enfants.

Les infirmières ne furent point dispensées de cette étude qui, pour elles, commençait par les différentes choses à étudier ou à écrire pour les besoins de leur emploi.

La Révérende Mère réglait en même temps que les infirmières ne feront pas plus *d'une course* AU LOIN *chaque jour*.

Il était facile de le prévoir : dans un temps rapproché, les diplômes académiques, seuls, permettraient aux Sœurs de continuer leur œuvre d'enseignement.

L'autorité ecclésiastique pressait d'entrer dans ce mouvement, de se mettre en mesure de répondre à ces exigences.

Bientôt, des Professes, des Novices se présentèrent à toutes les sessions d'examen et même dans plusieurs Académies à la fois.

Avant de s'inscrire, toutes subissaient une sérieuse préparation; plusieurs avaient enseigné pendant quelques années.

D'autre part, elles priaient beaucoup; elles comptaient sur un secours spécial de la Providence, en ces épreuves subies pour l'amour du bon Dieu. Il était très rare, alors, qu'un échec se produisît. Un inspecteur-examinateur, à Saint-Brieuc, eut même un jour cette exclamation où perçait une pointe de regret : « C'est Broons qui en emporte des diplômes ! »

Hélas ! parmi ces diplômées, que de fleurs le divin Jardinier devait cueillir, à leur printemps, pour son Paradis ! Nous en parlerons plus loin.

*
* *

Le 20 mai 1866, à trois heures du soir, la Révérende Mère Saint-André dut subir l'une de ces séparations qui brisent le cœur : après quelques jours de maladie, disparaissait de ce monde la pieuse et sainte Mme Petibon, de qui elle avait tant reçu, qu'elle aimait et vénérait si filialement !

Inutile de dire que toutes ses Filles spirituelles s'unirent à ce deuil profond et sollicitèrent pour cette âme si chrétienne une prompte entrée au Ciel, et pour sa fille désolée grande force d'âme et surnaturelle consolation.

*
* *

Consignons ici quelques faits réalisés pendant les années 1868 et 1869.

Aux élections du 6 août, que présidait M. Ollivier, Vicaire général et Supérieur ecclésiastique de la Congrégation, la Révérende Mère Saint-André, choisie à si juste titre par ses Filles, reçut Mère Sainte-Marie de Jésus pour Assistante.

Le travail de couture ne manquait pas à la Communauté. Jusqu'ici cependant tout s'exécutait à la main, sans recourir à ces instruments perfectionnés dont l'usage commençait à se répandre dans le pays. Pour seconder les Sœurs couturières, M. Lemée eut la généreuse inspiration d'acheter une machine à coudre qui rendit leur tâche plus facile et surtout plus expéditive.

Après des agrandissements successifs et diverses transformations, l'enclos de la Communauté allait recevoir un cachet religieux : point important, car il concourt au maintien, au développement de la ferveur dans les âmes.

Une belle statue de bronze, représentant la Vierge Immaculée, arrivait à la Maison le 21 octobre 1868. Un mois plus tard, 21 novembre, cette statue fut placée sur un socle de granit, au milieu du rideau de verdure qui s'élevait entre l'enclos et le petit jardin.

Répondant à une pensée pieuse, les Supérieures choisirent, pour cette érection, leur fête patronale, anniversaire toujours aimé par les Filles de Sainte-Marie.

Cette fête n'admettait point, à cette époque, d'invitation spéciale au dehors; elle se passait dans l'intimité du cœur à cœur avec Marie entrant au temple, avec Jésus-Eucharistie exposé sur l'autel.

A ces exercices d'une piété tout intérieure s'unissaient, cette fois, de consolantes espérances : plusieurs Postulantes franchissaient le seuil béni du Noviciat, pendant que leurs compagnes plus âgées revêtaient les livrées de la Congrégation.

Mais un fait plus marquant encore, parce qu'il ne devait que très rarement se renouveler : l'inauguration de la statue de la Vierge, venait ajouter aux joies si bien motivées de ce beau jour.

Qu'il nous soit permis d'emprunter quelques détails au récit très obligeamment communiqué par un témoin oculaire :

« Après les Vêpres, récitées comme toujours vers une heure et demie, la Communauté se réunit au jardin. Mais tout le monde ne pouvait prêter le concours de ses bras pour élever cette énorme statue à la place désignée. « Que les nouvelles Novices viennent tirer sur la corde ! dit notre Mère Saint-André; cet honneur leur appartient. »

» Tout près se tenait la bonne Mère Sainte-Hélène (H. Touroude), perdue, selon son habitude, dans ses méditations et ses entretiens avec le Ciel. « Quant à vous, ma Sœur Sainte-Hélène, ajouta la Révérende Mère, allez à la chapelle, et priez beaucoup afin qu'il n'arrive aucun accident. » Aussi obéissante que pieuse, Mère Sainte-Hélène se rendit devant le Saint-Sacrement où elle resta jusqu'à la bénédiction du soir.

» Au jardin, la Vierge s'élevait peu à peu, grâce aux machines préparées pour ce travail, et nul accident ne se produisit.

» M. Lemée bénit la statue, puis chacune de nous fit, avec grande ferveur, sa première prière à la nouvelle Protectrice de notre chère Congrégation...

» Pour nous, Novices, nous nous édifiions à la rencontre de Mère Sainte-Hélène dans ces allées voisines de la Vierge. Cette Religieuse, qui marchait toujours les yeux baissés, dans les corridors et partout ailleurs, ne manquait pas d'élever un regard de filiale confiance vers notre bonne Mère et de lui sourire en lui répétant ses *Ave* et ses salutations.

» Nous regardions cette Religieuse comme une grande sainte; tout en elle portait au bon Dieu : sa tenue, ses conversations très rares avec ses Sœurs... Elle ne vécut pas assez longtemps à notre gré; le divin Maître voulut l'appeler au Ciel pour y continuer cette vie angélique qu'elle menait sur la terre... »

Peu de temps après l'érection mentionnée ci-dessus, dans une de ses visites à la Maison-Mère, Monseigneur David s'arrêta devant cette Vierge, et la voyant si doucement souriante, Sa Grandeur la nomma : *Notre-Dame de Grâces*.

Bien plus, Monseigneur eut la grande bonté d'accorder une indulgence de quarante jours à chaque *Ave Maria* récité devant cette statue.

Afin d'honorer davantage leur Mère du Ciel, les Religieuses voulurent polychromer cette Vierge, qui perdit alors sa teinte bronzée pour revêtir la robe blanche et le manteau d'azur.

Sur ce trône un peu agreste, qui possédait néanmoins ses agréments et ses parures de charme, de lierre, de roses et de lilas variant avec la saison, la douce Marie reçut, pendant trente années, de nombreuses et bien filiales visites, de ferventes et confiantes supplications. En retour, que de grâces répandues, par Celle que l'on n'invoque jamais en vain, sur ces âmes qu'un tendre amour conviait si souvent à lui redire : « Je vous salue... priez pour nous !... »

Elevée aujourd'hui sur la façade principale du Noviciat, presque à l'endroit où la piété de ses Filles la plaçait en 1868, cette Vierge domine toute la Communauté, dont elle reste le paratonnerre le meilleur et le plus sûr.

Que sa protection puissante éloigne, de la Congrégation entière, tous les malheurs qui pourraient nous menacer !

*
* *

Avant de mourir, Mère Saint-Alphonse (Judith Lemarchand) avait offert à la Communauté un beau Christ qu'elle destinait au jardin, avec une croix de fonte qui devait abriter les tombes de nos chères Sœurs défuntes.

Cette bonne Religieuse s'en alla dans son éternité avant d'avoir reçu la consolation de contempler, à leur place, ces deux emblèmes pieux.

C'est le 10 février 1869, mercredi des Cendres, que le Calvaire érigé au milieu de l'enclos reçut la bénédiction de l'Eglise.

Vers cette même époque fut placée la Croix du cimetière, dont elle resta pendant de longues années le principal et seul ornement.

*
* *

A la Maison-Mère, un pensionnat avait toujours existé. Là, près de maîtresses bien douées, possédant des talents et du dévouement, de nombreuses jeunes filles acquéraient l'instruction et l'éducation qui semblaient le mieux adaptées à la préparation de leur avenir.

En effet, longtemps après leur sortie de la Communauté, ces anciennes élèves devenues maîtresses de maison ou occupant diverses situations dans le monde, ont souvent témoigné, à leurs éducatrices, la plus sincère gratitude; elles gardaient le meilleur souvenir des enseignements reçus : l'âge et l'expérience leur en dévoilaient toute la valeur.

Diverses difficultés surgirent...

Les Supérieures constatèrent avec regret que cette œuvre devenait une charge pour la Congrégation. Elles résolurent de la supprimer, au moins momentanément, à partir du 31 décembre 1869.

La Révérende Mère informa de cette décision M. le Sous-Préfet de Dinan; et les classes de la Communauté, pendant une quinzaine d'années, ne comptèrent plus que des élèves externes.

*
* *

A l'égard de l'autorité en général, de l'autorité diocésaine en particulier, la Révérende Mère gardait la soumission la plus exacte et la plus respectueuse, et elle exigeait, de sa Congrégation, même filiale déférence aux avis reçus.

Aussi éprouva-t-elle une véritable peine quand, au cours de l'une de ses visites en Berry (septembre 1869), elle reçut, de Monseigneur lui-même, une observation qui motiva les deux recommandations suivantes :

1° Que les Sœurs n'invitent point le Clergé à leur table;

2° Qu'elles n'aillent point, non plus, prendre aucun repas dans les presbytères.

« Ces réunions trop fréquentes, écrivait Monseigneur, n'édifient pas le public, qui en cause; ce qui nuit à la religion. »

Immédiatement, la Révérende Mère fit expédier une copie de cette lettre dans toutes nos fondations.

Elle y joignit, de Châteauroux, un mot à l'adresse de ses chères Filles, les pressant de s'en tenir strictement aux désirs de Sa Grandeur.

*
* *

Il sera peut-être agréable à nos lectrices de vivre un instant au milieu de la Communauté de cette époque. Les souvenirs d'une Postulante nous procureront ce plaisir.

« Quand j'entrai à la Communauté de Broons, j'allais vers l'inconnu et je tremblais un peu; mais la bonne physionomie de la Révérende Mère, son air si gracieux et si doux me mirent vite à l'aise. Dès lors, l'amour l'emporta toujours sur la crainte; et, comme mes compagnes, je désirais rencontrer cette bonne Mère, la voir à nos réunions...

» Au Noviciat, Mère Sainte-Marie de Jésus, âme énergique, s'efforçait de former d'autres âmes énergiques comme la sienne, vivant d'esprit de foi, aimant leur Règle, la pratiquant avec exactitude, et se dévouant sans compter pour la gloire du bon Dieu.

» Nous avions, pour maîtresse de classe, la bonne Mère Sainte-Geneviève, qui secondait fort bien la première maîtresse en habituant les Novices à l'esprit de foi. Sous sa direction, nous travaillions sérieusement et toujours dans un but très élevé, ce qui nous donnait du courage. Cette bonne Religieuse, quoique très jeune, connaissait déjà le sacrifice et nous habituait tout doucement à la pratique des vertus. Modeste et pieuse, elle avait quelque chose de sévère et d'aimable en même temps.

» Si nous allions au repassage, nous y trouvions Sœur Perrine. Pieuse et dévouée, elle nous donnait son savoir très aimablement, avec une douceur et une patience d'ange. En sa compagnie, nous récitions pieusement le chapelet. Si nous avions à préparer une leçon ou un devoir d'histoire sainte, elle nous racontait volontiers, et à sa façon, ce qu'elle savait sur le personnage ou le fait qui nous occupait.

» Nous aimions, le jeudi, respirer le bon air du Château. Là, notre chère Sœur Clément dirigeait les laveuses, Mère Saint-Osmane passait le linge au bleu, et nous l'étendions au séchoir. Tout ce monde travaillait et priait sous le regard du bon Dieu.

» Les réfectorières avaient pour directrice la bonne Mère Saint-François. Comment ne pas admirer son remarquable esprit d'ordre, de propreté, de régularité, soutenu par un grand esprit de foi ? La prière était continuellement sur ses lèvres ; on voyait que son cœur restait uni au bon Dieu.

» La porterie était gardée par deux saintes Religieuses : Mère Saint-Philippe et Mère Sainte-Marie-Antoinette. Pendant que j'étais en aide au réfectoire, j'aimais les voir arriver avec leur robe toute reprisée, leur tablier rapiécé. Elles marchaient, au réfectoire et dans les corridors, avec une attitude modeste et respectueuse comme à la chapelle. Et avec quelle amabilité elles accueillaient tout le monde ! Leurs entretiens portaient à la vertu, à la sainteté.

» Dans notre chapelle, Mère Saint-Joseph employait tout son savoir-faire pour rehausser les beautés des cérémonies ; ses doigts agiles, toujours d'accord avec sa belle voix, dirigeaient et soutenaient les chants pendant les offices religieux.

» Mon emploi de réfectorière me mit souvent en rapport avec la bonne sœur Françoise, dont j'avais peur, malgré sa voix et ses manières très douces. Elle m'avait produit cette défavorable impression en reprenant les petites Novices, ses aides. Elle le faisait en toute douceur, mais d'un air si majestueux, si digne, avec sa grande taille, qu'elle m'effrayait un peu. Et cependant, quelle vertueuse Sœur !!!

» On rencontrait Sœur Félicité partout ; elle avait droit partout. Le soin des lampes lui était confié, ainsi que les peintures et différents emplois demandant du soin et du goût. Avec sa souplesse de caractère et ses manières délicates et polies, elle pouvait, à n'importe quel moment, venir au Noviciat ; elle était la bienvenue. La chère Sœur ne troublait point le silence ni les leçons ; elle marchait sans bruit et jamais elle ne nous disait un mot qui ne concernât point son emploi. Comme elle paraissait unie au bon Dieu dans ses allées et venues continuelles, d'une extrémité à l'autre de la Maison, et du matin jusqu'au soir !

» Sœur Marie-Reine offrait un autre genre de sainteté : avec un air de vieux cénobite, elle ne regardait jamais autour d'elle, toujours occupée qu'elle était des travaux pénibles. Casser des pierres, paver les cours et les allées, maçonner, blanchir avec la chaux, peindre : voilà ses occupations. Sa vie était toute cachée en Dieu et sa mort dut être belle aux yeux de ce bon Sauveur.

» Tel se présentait le milieu où s'écoulaient nos jours. Dans nos études et dans nos différents travaux, nous respirions un air de sainteté qui fortifiait nos corps, nos âmes, nos intelligences. »

*
* *

Des événements graves se préparaient pour l'Eglise et pour la France.

Dans la capitale du monde chrétien, les Noces d'Or du Saint Pape Pie IX devenaient l'occasion de fêtes splendides et d'ovations enthousiastes, témoignant que le peuple de Rome aimait son Père et son Roi (avril 1869).

Une bulle datée du 29 juin 1868 annonçait un Concile général.

Les Evêques se réunirent, au nombre de 767, et le Concile du Vatican s'ouvrit en avril 1870. Il tint plusieurs séances dans lesquelles eurent lieu des discussions importantes.

Le 18 juillet, il inscrivit le dogme de l'*Infaillibilité pontificale* au nombre des articles de notre foi.

Mais la guerre était menaçante : bientôt elle éclatait dans toutes ses fureurs.

Il fallut interrompre ces solennelles Assises, et les Prélats regagnèrent leurs provinces.

Alors commença la période si tristement appelée « *l'Année terrible... l'Année néfaste !* »

La France subit successivement les défaites de Wissembourg au 4 août, de Frœschwiller au 6 août, la capitulation de Sedan au 2 septembre, et toute une série de malheurs...

En ces mêmes jours, 4 août et 6 août, les derniers soldats français en garnison à Rome s'embarquaient à Civita-Vecchia.

Le Cabinet italien comprit qu'il pouvait agir.

Le 11 septembre, les troupes de Victor-Emmanuel envahirent les Etats du Pape par trois côtés à la fois : nord, est, sud ; le 13, elles se réunirent sous les murs de Rome ; le 20, elles y pénétraient par la brèche de la Porta Pia.

Il ne restait plus au Pape que son palais du Vatican.

Parmi le peuple, même chrétien, la chute du pouvoir temporel passa presque inaperçue : on ne s'occupait que de la triste lutte dont la France était le théâtre désolé et dévasté.

Malgré la vaillance de l'armée française, digne d'un meilleur sort, nos défaites se succédaient, mélangées parfois de quelques avantages et de brillants faits d'armes.

Captif au fond de son palais, le doux Pontife Pie IX priait Celui dont il était le représentant. Il pleurait sur les maux de la France, et Il voulait espérer encore : « *Malgré tout*, disait-il, *c'est sur la France que je compte... La France a été labourée, son sol est trempé de sang ; la semence divine y germera bientôt pour produire de grands fruits.* »

Après les horreurs d'une guerre qui couvrait de ruines la moitié du territoire français, vinrent l'armistice, puis la paix moyennant des conditions très onéreuses pour les vaincus.

Ce n'était pas la fin de nos malheurs ; il fallut subir les hontes et les excès de la guerre civile. Délivrés des Prussiens, les soldats français durent enlever Paris aux Communards ; ils arrivaient trop tard pour empêcher les massacres de Monseigneur Darboy et des autres ôtages, qui tombèrent glorieusement, du 24 au 27 mai, sous les balles des insurgés.

Comment ne pas donner, à cette triste époque, un douloureux souvenir ?...

*
* *

Pendant ce temps, que se passait-il à la Maison de Broons et dans les fondations plus rapprochées du théâtre de la guerre ?

Le récit des témoins va nous le dire.

« J'étais au Noviciat en cette année néfaste de 1870.

» C'est vers la fin de juillet que nous avons vu, pour la première fois, les signes précurseurs de la guerre, sur cette route nationale de Paris à Brest qui longe l'enclos de la Communauté.

» Des groupes de chevaux passaient nombreux à la suite les uns des autres. « On les rassemble pour la guerre, » disait-on. Un frisson parcourait tous les membres.

» Un peu plus tard, c'étaient des hommes qui se rendaient vers le théâtre du combat. Quand ils apercevaient quelques Religieuses : « Adieu, mes Sœurs, leur disaient-ils. Priez pour nous !... » Ces paroles et l'accent qui les accompagnait fendaient l'âme.

» La guerre allait son train et quelques petites victoires avaient été suivies d'affreux désastres. La consternation régnait dans tous les cœurs.

» Le Révérend Père Griffaut, Rédemptoriste de Châteauroux, qui se trouvait de passage à la Communauté, nous adressa une touchante exhortation.

» *Mal attire mal !* Telles furent ses premières paroles. « La somme du mal commis en France l'emporte de beaucoup dans la balance de la justice, sur celle du bien ; c'est pourquoi Dieu nous châtie. A nous, Religieux et Religieuses, d'augmenter par nos prières, nos mortifications et autres bonnes œuvres, la somme du bien, et d'apaiser la colère de Dieu si justement irrité... »

» Cet entretien pieux fut parfaitement compris : nous offrions prières et sacrifices pour nos pauvres soldats si malheureux ! Que nous étions ferventes alors !

» Le visage serein de notre Révérende Mère, ses paroles toujours si consolantes, soutenaient nos jeunes courages et nous donnaient de l'élan pour la pratique de la vertu.

» A nos œuvres pies se joignit le travail manuel : aux récréations, tout le monde faisait de la charpie pour le pansement de nos chers blessés.

» Le pays fut menacé : les Prussiens arrivaient au Mans, où devait s'engager un grand combat. Mon frère écrivit ses adieux à mes parents... Le bon Dieu eut pitié d'eux : les huit cousins germains, réunis dans cette guerre, revinrent sains et saufs dans leurs foyers quelques mois plus tard.

» On était bien au courant, à Broons, de ce qui se passait ici et là ; mais nous, jeunes Novices, nous restions en paix sous la direction de nos Supérieures, nous confiant à leur prudence et à l'intervention de notre Mère du Ciel.

» Notre confiance ne fut pas déçue. Nous apprîmes avec bonheur que cette bonne Mère, apparue à Pontmain, encourageait à la prière. « *Mais priez, mes enfants, mon Fils se laisse toucher !* »

» Quelques semaines plus tard, l'armistice était signé.

» Et bientôt nos braves soldats (ceux qui avaient échappé au massacre) rentrèrent dans leurs foyers.

» Mon frère vint à Broons remercier des prières faites à la Communauté et me narrer toutes les souffrances morales et physiques qu'il avait endurées depuis quelques mois !!!... »

*
* *

« Le 16 août 1870, un ordre appelait les pompiers de Broons à Paris. C'étaient tous des pères de famille ; aussi, quelle désolation ! voir partir le chef de la maison, en pleine moisson, alors qu'il restait déjà si peu de bras pour le travail des champs !

» Notre Mère prit une vive part à la douleur que causait cet ordre imprévu. Elle employa son nom, son crédit, ses conseils, pour que le séjour à Paris se prolongeât le moins possible.

» Les familles des absents furent l'objet de sa sollicitude : conseils, encouragements, secours pécuniaires...; elle se prodiguait pour adoucir la situation qui, fort heureusement, ne dura guère plus de trois semaines.

» Un mois après, dans les premiers jours d'octobre, alors que la sécheresse sévissait, un incendie éclata le soir. Pas d'eau, surtout pas d'organisation; le matériel faisait défaut, le moral s'affaiblissait ; on était épouvanté par l'approche des Prussiens. Une meule de paille brûla, puis un amas de bois; des maisons allaient prendre feu.

» Notre Mère fit sortir les Religieuses, avec seaux, brocs, bassines... A cette vue, tout le monde reprit courage; l'eau arriva pour alimenter la pompe à incendie; les maisons furent préservées et bientôt le feu s'éteignit. »

Une mère de famille exploitait une petite culture. Tout son personnel, sauf un vieux domestique, avait dû prendre les armes.

Le moment des semailles arrivait; il fallait quelqu'un pour conduire les chevaux à la charrue.

Cette femme vint trouver notre Mère et lui dit : « Je vous ai donné trois filles, prêtez-m'en une pour semer mon avoine et mon blé. »

Très émue, notre Mère accéda volontiers à cette demande. Cette admirable mère emmena l'une de ses filles, qui prit le fouet le lendemain et conduisit les chevaux au labour pendant plusieurs semaines. Puis elle revint tranquillement reprendre son emploi à la Communauté.

Oh! heureux temps malgré ses malheurs! heureuses Sœurs! et aussi heureuse Mère!

Le bonheur se trouve dans l'accomplissement du devoir.

*

Au milieu de toutes les calamités qui désolaient notre patrie, la Mère Supérieure écrivit à ses Religieuses ; elle les pressait de vivre saintement afin d'apaiser la colère divine (12 décembre 1870).

« Je vous invite à vous affermir dans le bien, afin que l'année que nous allons commencer soit vraiment bonne, pour le temps et pour l'éternité. Tout nous presse, mes bien-aimées Sœurs, de nous donner à Dieu sans réserve : son bras irrité, qui nous frappe en ce moment d'une manière si dure, ne s'arrêtera que par la conversion des cœurs et une sincère pénitence. Nous, épouses de Jésus-Christ, apaisons sa colère par une grande fidélité à nos devoirs, par un véritable esprit de mortification qui nous fasse plier à toutes les exigences de la Règle et de la vie commune avec un courage persévérant ; ainsi, ne point manquer au silence ; suivre le régime commun pour la nourriture ; supporter patiemment les défauts des autres ; se parler avec douceur et bonté ; être remplie de déférence et de politesse ; aller au-devant de tout ce qui peut faire plaisir à ses Sœurs ; avoir beaucoup de dévouement pour sa Congrégation ; aimer l'abaissement, l'oubli et la pratique de la sainte Pauvreté... Si, à l'exemple de Notre-Seigneur et de la Sainte Vierge, nous nourrissons dans notre cœur ces sentiments, nous vivrons unies à Dieu ; nos prières et nos communions seront ferventes ; nous dompterons nos passions et nous apaiserons la colère de Dieu... »

Et l'année suivante, juin 1871, la Révérende Mère ajoutait : « L'année a été bien mauvaise, et les jours d'épreuve ne sont pas encore finis. Prions beaucoup et faisons pénitence, afin d'apaiser la colère de Dieu, de nous sanctifier et d'obtenir pour notre Mère, la Sainte Eglise, le triomphe et la paix... »

*
* *

Le dimanche 22 janvier 1871, à trois heures du soir, soixante-douze mobilisés de la Mayenne arrivèrent à notre Communauté. Ils couchèrent dans les salles Saint-Joseph, Saint-Roch, Saint-Martin. Deux chambres, sur la salle de Saint-Roch, furent destinées aux chefs. On leur donna le repas du soir et celui du lendemain matin.

Un de ces hommes, qui était souffrant, resta deux jours dans la Maison.

Le dimanche suivant, 29 janvier, la Communauté reçut deux militaires de la Sarthe, tous deux malades. L'un, atteint d'une fluxion de poitrine, mourut le lendemain à neuf heures du soir. Ce jeune homme, âgé de vingt-neuf ans, se nommait Armand Léger; il était né à Saint-Vincent de Saint-Pierre-du-Lorouër. Son camarade, Louis Rotoro, de Grand-Lucé, âgé de vingt-huit ans, ne partit que huit jours plus tard. Un certificat attestant la maladie qu'il avait faite lui fut délivré par M. Légault, médecin, et lui donna le droit de continuer, en chemin de fer, son voyage jusqu'à Brest.

« A V..., nos classes servirent d'ambulance et nos Sœurs furent chargées, par les médecins du régiment, de soigner les soldats blessés ou atteints de diverses maladies.

La petite vérole et la fièvre typhoïde firent le plus de victimes. Que c'était triste à voir!

En arrivant à l'ambulance, nous n'avions rien parfois à donner aux malades. Il fallait quêter.

Pour nos soldats qui mouraient de misère et de chagrin, tendre la main ne coûtait pas.

Ils nous appelaient en suppliant : « Ma Sœur, venez à moi, je vous en prie ; décollez mes yeux, s'il vous plaît... »

Plus de cinquante se trouvaient affectés de ce même mal d'yeux.

Un des meilleurs soldats de ce régiment témoigna le désir de voir M. le Curé. Avant de mourir, il me disait : « J'ai ma Mère et ma sœur. Si elles connaissaient mon état ! Je ne veux pas penser à elles ! ma mère qui m'aime tant !... Ma sœur, je vais mourir !... ne me trompez pas ! — Mon ami, vous êtes très souffrant ; le bon Dieu peut vous guérir, mais s'il vous met dans son Paradis, vous aurez une bonne part. — C'est vrai ! Eh bien ! je prends la sainte Vierge pour ma mère... Je vous prie d'écrire à ma mère, que je laisse bien peinée ; dites-lui que je me suis confessé ; je prierai pour elle... Et vous, ma Sœur, ne m'oubliez pas !... »

Impossible de retenir ses larmes.

Sur deux cent cinquante ou trois cents qui moururent, c'est le seul qui demanda le prêtre. Quand on proposait aux autres de le faire venir : « Je n'en ai pas besoin, mais faites-le venir si vous voulez. » Telle était leur réponse.

Un autre me disait, pendant que je lui lavais la figure : « Vous savez, les Limousins ne sont pas commodes ; mais vous, vous soignez comme ma maman ; merci ! » L'après-midi, il mourait, la tête appuyée sur mon bras.

Un de ses camarades avait deux balles logées dans le côté, et les chirurgiens ne pouvaient les extraire. Chaque jour, il fallait laver la plaie, ce qui procurait du soulagement au malade. « Oh ! disait-il, vous êtes tout à fait une *bonne Sœur ;* vous ne voudriez pas me faire mal... »

Dans le cimetière, on remarque maintenant tout un carré de croix de bois brut ; elles gardent les tombes des soldats morts ici, en 1870, à la suite de blessures, de la typhoïde ou de la petite vérole...

« A La L..., M. Marchin avait une ambulance, et de nombreux soldats malades ou blessés.

Mère Sainte-Eugénie était l'infirmière en chef, et Dieu seul connaît les soins qu'elle prodigua, de jour et de nuit, à nos pauvres soldats si souffrants !... »

*
* *

« Au moment de l'invasion prussienne, j'étais à Saint-M..., où nous avons eu des soldats tout le temps que la guerre a duré. Une compagnie s'en allait, il en arrivait une autre.

Ils couchaient dans les écuries, bouveries et bergeries de M. Masquelier.

Nous avons eu de l'infanterie et de l'artillerie. Triste artillerie, avec des baudets et des licous, pas de brides !

Il ne se passait guère de jour sans qu'il nous vînt des blessés.

J'en ai pansé des blessures !!!

Un jour nous arrivèrent de vieux soldats de la Haute-Vienne, qui avaient campé sous des tentes, près de Limoges. Tous avaient des bronchites ou des fluxions de poitrine. La plupart succombèrent.

Un capitaine me donna un sac des quatre-fleurs, et ma sœur M.-J..., du matin au soir, préparait de la tisane qu'un soldat venait chercher.

A ces misères s'ajouta la petite vérole, ce qui rendit la situation bien plus terrible encore. C'est à pleins tombereaux que l'on conduisit ces malades à l'ambulance de M. Balsan; les uns trépassaient en s'y rendant et les autres peu après leur arrivée.

Un matin, je trouvai, à notre porte, à genoux et récitant son chapelet, un petit et tout jeune soldat qui me pria de le soigner. Prière inutile : j'aurais tant voulu le secourir ! Il fut reçu dans la Maison; je lui offris tout ce que je pouvais lui donner ; impossible d'obtenir qu'il prît la moindre chose.

De sa poche, il retira une petite bouteille, qu'il semblait me montrer avec bonheur; c'était du cassis que sa mère lui avait remis en le quittant. Je lui dis : « Il faut en boire un peu. — Non... Si je voyais ma mère, je serais guéri !!! »

Pauvre enfant ! et comme sa vue arrachait les larmes !... Lui aussi fut une victime.

Nous vivions entourées de soldats; nous ne craignions pas trop, car tous nous respectaient beaucoup.

Et puis, nous habitions encore le pavillon, tout près du Château, où résidait l'état-major.

J'ai vu deux chefs prussiens, montés sur deux superbes chevaux, bien équipés ceux-là ! Ils traversèrent lestement la place de l'Eglise et prirent la route de Villedieu. Peut-être venaient-ils en découverte des environs de Châteauroux... »

*
* *

Terminons par ces lignes, empruntées à l'un des orateurs de cette époque :

« Qui se croira innocent du meurtre de ces immolés ?... Nous sommes tous coupables, nous avons contribué à creuser ces tombes où sont couchés les purs et les forts...

» Je ne sais si, dans notre histoire, il y a jamais eu un moment plus solennel que l'heure présente ; je ne sais si, dans cette histoire, on pourrait trouver une page plus lugubre que la page écrite par Dieu, en ce moment, avec la pointe d'une épée implacable.

» Ce ne sera pas la science, ce ne sera pas la politique qui nous relèvera : Celui qui brisera la pierre de notre tombe et en fera sortir le Lazare gaulois étendu, c'est le Christ... (Pâques 1871.)

» ... Si, moins emportés par le tourbillon de cette vie malsaine dont le tumulte nous étourdit et dont la poussière nous dérobe le Ciel, ils avaient fait silence seulement un quart d'heure [1]... »

(1) Révérend Père Didon, Prieur des Dominicains d'Arcueil.

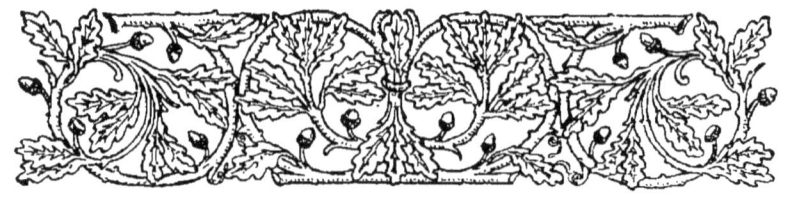

II

Un souvenir à nos Sœurs décédées. — Nouvelles fondations. —
1860-1880.

DANS les premières années de son existence, la Congrégation eut le grand avantage de conserver longtemps ses sujets. Le bon Dieu ménageait les ouvrières et les employait à sa vigne.

A partir de 1860, vers 1869 surtout, la mort vint frapper plus souvent dans les rangs des Filles de Sainte-Marie.

Citons quelques noms.

C'est tout d'abord, en 1862, la digne Mère Saint-Pierre (Bochel), qui avait prononcé ses vœux en 1847.

Envoyée à Caulnes, elle s'occupa de la classe des petites filles. Mais bientôt ses Supérieures l'appelaient à la Maison-Mère et lui confiaient la direction du Noviciat.

Dès son début dans la carrière religieuse, cette Sœur se montra exemplaire par son grand zèle pour la gloire de Dieu, le salut des âmes et le bien spirituel de sa Congrégation. Elle en donna surtout des preuves dans la charge de Maîtresse des Novices, qu'elle remplit avec le plus grand dévouement.

Après une maladie qui dura près de deux ans, cette bonne Religieuse rendit son âme à Dieu dans les sentiments de la piété la plus tendre et la plus édifiante.

En cette même année, le bon Dieu rappelait à Lui Sœur Saint-Hilaire (Mouillard), après un an de profession.

Pendant son noviciat, cette chère Sœur fut un modèle de charité, d'obéissance, de piété. Son grand amour pour le bon Dieu, son vif désir de le posséder lui avaient inspiré de faire une neuvaine pour demander la grâce de mourir immédiatement après sa profession religieuse. Bientôt, se reprochant d'avoir agi sans prendre conseil, elle confia son secret à ses Supérieures. Celles-ci l'engagèrent à commencer une autre neuvaine pour obtenir une longue vie. La novice obéit avec la plus grande simplicité.

Mais Dieu ne tarda pas à réaliser ses pieux désirs en prolongeant ses jours d'une année seulement.

La chère Sœur édifia, tout le temps de sa maladie, par sa patience, sa résignation, sa douceur; sans cesse elle invoqua le doux nom de Jésus; elle appela Marie à son aide, jusqu'au moment de sa bienheureuse mort (19 octobre 1862).

Un peu plus tard, 1866, c'est la bonne et vénérée Mère Saint-Paul (Renouvel), qui disparaît au moment où la Révérende Mère et toutes les Sœurs fondaient sur elle de très légitimes espérances (8 juillet).

Foi vive, tendre piété, horreur des fautes les plus légères, régularité parfaite, scrupuleux amour du devoir : ainsi peut se résumer cette existence si bien vouée au bon Dieu.

Un peu plus tard encore, 1869, la Communauté perdait ici-bas :

Sœur Saint-Calixte (D. Tanchoux);
Sœur Saint-Cyrille (R. Pinsard);
Sœur Sainte-Hélène (H. Touroude);

Sœur Saint-Guillaume (A. Courcoux);
Sœur Saint-Melaine (A.-M. Reux);
Sœur Saint-Agnès (J. Rabasté).

En 1870 et 1871, c'étaient :

Sœur Saint-Raymond (M. Brossais);
Sœur Saint-Vincent-de-Paul (Ang. Garoche);
Sœur Saint-Joachim (Agnès Morvan);
Sœur Saint-Rémy (M. Thomas).

Le 6 octobre 1872, en la fête du Très-Saint-Rosaire, Mère Sainte-Marie de Jésus s'en allait vers le Ciel à l'âge de quarante-trois ans, dont vingt passés en religion.

On la vit successivement : à Lescouët, en septembre 1851; à Lamballe, en septembre 1853; en aide au Noviciat, août 1855; à Saint-Nicolas-du-Pélem, en juillet 1857; au pensionnat de Broons, en juillet 1858; nommée Conseillère générale de la Congrégation en août 1858; Supérieure aux Sourds-Muets en août 1860; nommée Assistante générale en juillet 1866, et, en août de cette même année, chargée de la direction du Noviciat.

Digne émule de nos bien regrettées Mères Saint-Paul et Saint-Pierre qu'elle remplaça dans leurs charges d'Assistante et de Maîtresse des Novices, Mère Sainte-Marie de Jésus se distinguait par l'amour du devoir et de la régularité, et par un zèle ardent pour l'avancement spirituel de ses Sœurs et de ses Novices.

Avec une santé très mauvaise, elle remplit les emplois les plus fatigants; rien ne l'arrêtait quand il s'agissait de procurer la gloire de Dieu et le bien de sa Congrégation.

Sœur Saint-Martin (Louise-Marie Haouisée) (1873), était encore l'une de ces Sœurs qui donnait à la Congrégation de douces espérances. Elle mourut à l'âge de trente ans, après avoir offert sa vie au bon Dieu avec une foi et une générosité admirables.

Sœur Saint-Norbert (Cécile Rohan), 1874, manifesta constamment la plus grande piété, la plus vive horreur du mal, un véritable esprit religieux.

Après quarante ans de profession, Sœur Saint-Antoine décéda en 1877. Elle avait été Conseillère de la Congrégation pendant dix ans, de 1848 à 1858.

Douée d'un bon esprit religieux, elle gardait une solide dévotion, une austère régularité, un amour dévoué envers sa Congrégation. Elle s'étudiait à connaître et à imiter la vie des Saints, dont elle avait toujours les principaux détails à l'esprit [1]. Elle mourut en louant Dieu et en invitant les autres à le louer.

Supérieure des Religieuses de Sévignac depuis 1862, Sœur Sainte-Marie des Anges revint, gravement souffrante, à l'infirmerie de la Maison-Mère, où elle s'éteignit le 13 juin 1879.

Cette Religieuse aimait à redire qu'elle était entrée en religion afin de se préparer à son éternité. Jamais elle ne perdit de vue ce but final, et toujours elle remplit, à la satisfaction de tous, les emplois qui lui furent confiés.

Pendant les dix-sept années qu'elle exerça la charge de Supérieure, elle édifia continuellement ses compagnes par sa régularité, son esprit de pauvreté, son dévouement auprès des malades et sa grande patience dans les souffrances qui accompagnèrent les dernières années de sa vie.

(1) Sa dévotion la portait à vivre en la compagnie du Saint que l'Eglise fête chaque jour.

En rappelant quelques noms parmi nos chères Sœurs converses, nous cueillerons aussi de beaux exemples de vertus religieuses.

Le 16 juin 1861 s'en retournait vers son Créateur notre chère Sœur Judith (J. Orinel), qui avait prononcé ses vœux en 1835. Elle fut admirable de résignation dans les longues et cruelles souffrances de sa dernière maladie.

A la fin de cette même année, 3 décembre, s'endormait doucement dans le Seigneur Sœur Monique (P. Lécuyer), après avoir édifié, par sa résignation parfaite, durant une maladie longue et pénible, qui la retint constamment sur le lit pendant les deux dernières années de sa vie. Elle n'avait que trois ans de profession.

En 1868, le 28 août, se terminait la pieuse vie de Sœur Rose (R. Berrée), qui atteignait soixante-sept années d'âge, dont trente-cinq passées en religion. Elle aussi avait prononcé ses vœux tout au début de la Congrégation, en 1836.

Cette vertueuse Sœur montra constamment une grande charité pour ses compagnes.

Elle portait aux Novices le plus vif intérêt et se plaisait à leur prouver son attachement vraiment religieux.

Sa délicatesse de conscience était très grande; Dieu seul connaît le mérite qu'elle s'est acquis par ses efforts contre elle-même.

D'une piété remarquable, elle fut toute sa vie, et surtout pendant ses derniers jours, un sujet d'édification pour ceux qui l'entouraient. L'habitude qu'elle avait prise de méditer son office lui rendait facile l'application de certains psaumes et versets qu'elle récitait, en latin, comme si elle avait connu cette langue, choisissant parfaitement les passages les plus en rapport avec sa situation d'âme et sa position.

Après avoir donné au bon Dieu, dans notre Congrégation, les douze dernières années de son existence ici-bas, notre chère Sœur Adèle (J.-M. Le Cam), rendait son âme à Dieu le 6 mai 1873; elle était âgée de trente-sept ans.

Notre chère Sœur Rosalie (R. Chouette) avait prononcé ses vœux en 1836; elle mourut le 16 décembre 1873, âgée de soixante-dix-sept ans.

Cette excellente Religieuse ne donna que de la consolation à ses Supérieures et se fit sincèrement aimer de ses compagnes par l'aménité et la gaieté de son caractère. Sa piété solide et forte, qui ne se démentit jamais, lui rendit facile le bien à réaliser autour d'elle.

Le 1er août 1875, Sœur Judith (Fr. Regnier), décédait pieusement, après une longue maladie supportée avec la plus grande patience.

Cette excellente Sœur montra toujours une grande piété, une franche simplicité. Sur le point de mourir, elle priait ses Sœurs de lui redire les cantiques des jours de communion, cantiques qui avaient fait tant de bien à son âme en excitant sa ferveur. Elle ne cessait de remercier le bon Dieu du grand bienfait de la vocation religieuse.

Deux jours plus tard, notre chère Sœur Clément quittait cette terre, 3 août 1875, dans la quarante-cinquième année de son âge et la dix-septième de sa profession.

Cette Sœur, qui portait déjà l'habit des Sœurs de chœur, sollicita et obtint son admission comme Sœur converse. Elle fut l'une des bienfaitrices de la Congrégation, et se dévoua, pendant toute sa vie religieuse, aux travaux les plus fatigants de la maison.

Elle mourut au soir de l'ouverture de l'une de nos

retraites religieuses, en terminant les exercices prescrits pour le Jubilé qui avait lieu en ce moment.

En 1877, le 23 avril, décédait pieusement Sœur Anne (A. Ramard) qui avait prononcé ses premiers vœux en 1837, au même jour que notre Révérende Mère Saint-André.

Cette même année, le 30 juillet, le bon Dieu rappelait à Lui notre chère Sœur Marie de la Nativité (A.-M. Louessard), qui avait soixante-quatre années d'âge et trente de profession.

Par sa piété, sa charité, son humble dévouement, cette Sœur fut constamment, pour ses Supérieures, un sujet de consolation; en même temps, elle édifiait ses Sœurs et les personnes du dehors qui eurent occasion de la voir de près, mais dont elle ne recherCha jamais l'attention ni l'estime.

Au 24 décembre de l'année 1878 entrait dans son éternité notre chère Sœur Perrine (M.-R. Coché), qui atteignait sa cinquante-septième année d'âge.

Cette Sœur se montra digne de la confiance de ses Supérieures qui la chargèrent, dès les premières années de sa profession, de tenir la maison du Chapelain, poste qu'elle remplit à la satisfaction générale, jusqu'à sa dernière maladie.

En outre, malgré son état habituel de souffrance, elle dirigea des emplois fatigants et s'en acquitta avec un dévouement remarquable.

Affligée, pendant les quatre dernières années de sa vie, d'une maladie qui lui ôtait l'usage de ses membres, elle supporta cette épreuve avec une grande résignation, demandant au bon Dieu qu'elle fût la dernière atteinte de ce mal.

Cette bonne Sœur avait résisté aux instances de sa famille, qui la pressait d'entrer, comme Sœur de chœur, dans notre Congrégation.

Le 13 juillet 1879, Sœur Marie-Joseph (M. Merdrignac) décédait à notre Maison de Mers (Indre), et fut inhumée dans le cimetière de cette paroisse. Elle avait soixante-six ans, dont trente-huit de profession.

Cette chère Sœur montra toujours un grand esprit de foi et d'obéissance. Sa piété ne se démentit jamais ; les regrets de ses Sœurs, et ceux de la population de Mers, où elle avait passé les dernières années de sa vie, témoignèrent de l'estime que s'était acquise cette humble Sœur.

Puissent reposer dans la paix du Seigneur toutes ces Religieuses qui nous précèdent dans l'éternité !

Puissent-elles veiller sur la famille religieuse qu'elles aimèrent, où leurs âmes vinrent s'abriter et se sanctifier !

*
* *

En Bretagne, de nouvelles Maisons s'ouvraient.

Des prêtres avaient apprécié l'action bienfaisante des Religieuses, soit dans leurs paroisses natales, soit dans les paroisses où leur saint ministère les appelait, ou dans une localité voisine.

Placés en d'autres milieux, ils projetaient d'obtenir, pour humbles auxiliaires, les Religieuses qu'ils avaient vues à l'œuvre.

Ainsi se formèrent, de 1860 à 1880, vingt-trois écoles dans le diocèse de Saint-Brieuc et une dans celui de Quimper :

Sévignac.	Plouasne.	Vildé.
Vieux-Marché.	Mégrit.	La Malhoure.
Perros-Guirec.	Lanrelas.	Pédernec.
Langourla.	Saint-Quay.	Eréac.
Saint-Maden.	Trémeur.	Langouhèdre.
Pleslin.	Saint-Judoce.	Louargat.
Pléneuf.	La Ville-Jéhan.	Plumaudan.
Saint-Jouan.	St-Thonan (Finist.).	Saint-Hélen.

*
* *

Dans cet intervalle, une autre œuvre, secondaire mais très utile dans son obscurité, vint s'adjoindre à celles qu'exerçait jusqu'ici la Congrégation : *l'Œuvre des Collèges*.

« Vous êtes, écrivait un Supérieur à la Révérende Mère Générale, les auxiliaires nécessaires, indispensables de l'éducation chrétienne que je veux donner aux enfants et aux jeunes gens. »

C'est imiter les Saintes Femmes, qui accompagnaient Jésus dans ses courses apostoliques à travers les bourgades et les cités, et qui s'estimaient heureuses et honorées de le servir. Pendant que le prêtre enseigne et dirige les âmes, les Religieuses facilitent sa tâche en veillant aux soins matériels pour lui, pour ses aides, pour ses élèves : elles contribuent donc à l'œuvre si importante de l'éducation des enfants.

La première Maison de ce genre fut acceptée en 1868; et bientôt les Filles de Sainte-Marie se dévouèrent à Guingamp, Neuilly, Rennes, Saint-Malo, au Grand-Séminaire de Beauvais, au Petit-Séminaire de Saint-Lucien.

M. le Supérieur de l'un de ces établissements remerciait la Mère générale : « Je bénis la divine Providence, écrivait-il, d'avoir permis à votre charité de répondre à mes désirs et aux besoins de ma Maison... »

Dans un temps un peu plus éloigné, et alors que la Révérende Mère Saint-André ne sera plus de ce monde, les Pères de Sainte-Croix appelleront aussi des Sœurs au Noviciat de Montéclair, à l'Orphelinat agricole de La Faye, pendant que les Pères Dominicains en obtiendront pour leurs Collèges d'Arcueil et de Lacordaire, les Pères Eudistes pour Domrémy, Kerlois et Plancoët, et les chers Frères de Ploërmel pour leur Collège de Flers-de-l'Orne, leur Noviciat de Saint-Paul, leur Juvénat de La Guerche, et plus tard pour leur établissement agricole de Ducey.

Telles furent les missions confiées aux Filles de Sainte-Marie.

Désormais, chaque année, des essaims de Religieuses, quittant la Maison de Broons, s'en iront dans les provinces voisines et jusqu'au centre de la France, afin de porter aux enfants du peuple l'instruction chrétienne qui, seule, peut leur procurer la paix sur la terre et le bonheur au Ciel.

Chaque année aussi, elles reviendront au berceau de leur vie religieuse, à cette chapelle où elles ont prononcé leurs vœux, car il faut qu'elles se retrempent et s'affermissent de plus en plus dans les résolutions prises au jour de leur profession solennelle.

Tous les ans encore, en échange des confidences versées dans le cœur de leur Mère, elles recevront des encouragements, des conseils ou des consolations, précieux trésor dont elles apprécieront la valeur pendant les travaux de l'année suivante.

III

M. Lemée nommé Chanoine honoraire. — Pèlerinage à Sainte-Anne-d'Auray. — M. Frélaut-Ducours nommé Supérieur ecclésiastique. — Elections. — M. Lemée remplacé par M. Mignonneau. — Erection d'un Chemin de Croix. — M. l'Aumônier à Rome. — Médaille de la Congrégation. — 1872-1876.

Il y avait déjà quinze ans que M. Lemée se dévouait pour la Congrégation de Sainte-Marie, lorsque Monseigneur David voulut honorer ce digne pasteur des âmes en lui conférant le titre de Chanoine de sa Cathédrale.

A cette occasion, une fête réunit à la Maison-Mère le clergé du canton et les amis du nouveau Chanoine. Le repas fut servi à la salle Sainte-Cécile, que les Religieuses, en témoignage de reconnaissance, avaient décorée avec tout le goût et tout le soin possibles (novembre 1872).

Au commencement de l'année suivante, 14 et 15 avril 1873, le diocèse de Saint-Brieuc organisait un pèlerinage à Sainte-Anne-d'Auray, lieu cher à la piété de notre Bretagne armoricaine.

Une vingtaine de Sœurs de Sainte-Marie représentèrent leur Congrégation aux pieds de l'Aïeule du Sauveur. Elles portaient une oriflamme qu'elles avaient préparée pour la circonstance, et qui parut toujours, depuis cette époque, aux processions de la Communauté.

En tournée épiscopale dans le canton de Saint-Jouan, Monseigneur David descendit à la Communauté et prit l'hospitalité à l'Aumônerie.

Avant son départ, Sa Grandeur réunit les Religieuses à la chapelle et leur annonça que son Vicaire général, M. Frélaut-Ducours, devenait le Supérieur ecclésiastique de la Congrégation (1er mai 1873).

Ce nouveau Supérieur n'était pas un étranger pour les Sœurs de Sainte-Marie. Des liens de parenté l'unissaient à la Révérende Mère; il connaissait la Maison avec laquelle il avait toujours eu des rapports fréquents et très bienveillants.

Dans cette charge que son Evêque lui confiait, M. Frélaut-Ducours allait rendre, à sa Congrégation, d'éminents services.

Au mois d'août suivant, M. le Supérieur présida les élections générales.

Pour la huitième fois, la Révérende Mère Saint-André reçut le témoignage parlant de l'affection filiale que ses Sœurs lui avaient vouée : elle fut continuée dans ses fonctions de Mère générale; Mère Sainte-Catherine fut nommée son Assistante.

*
* *

Dans le courant d'avril 1874, Monseigneur fit sa visite épiscopale dans le canton de Broons, et nous eûmes le plaisir de le voir revenir chaque soir à notre Communauté.

La veille de son départ, Sa Grandeur vit les Sœurs réunies à la chapelle. Les pieuses recommandations de l'auguste Prélat peuvent se résumer ainsi :

« Continuez avec courage l'œuvre commencée. Vous avez quitté vos parents, vos amis et tout ce que vous aimiez, pour embrasser une vie de sacrifice : ne vous laissez point décourager par les difficultés. Faites l'œuvre de Dieu avec joie et application. Nos actions, par elles-mêmes, n'ont aucun prix devant Dieu, quelque relevées qu'elles paraissent devant les hommes ; mais les plus petites deviennent très méritoires lorsque nous les accomplissons par amour pour le bon Dieu et dans le seul but de lui plaire.

» Si vous êtes chargées des enfants, apportez-y tous vos soins. Quand même il vous semblerait que votre travail ne rapporte aucun fruit, ne perdez pas courage, car si ces fruits sont invisibles à l'œil humain, Dieu, qui voit tout, les inscrit pour l'éternité.

» Vous consacrez plusieurs années à l'éducation d'une enfant ; les germes des vertus jetés dans son cœur ne seront pas perdus, ils porteront du fruit en leur temps. Prêchez la vertu par votre exemple, comme saint François d'Assise... Les exemples ont beaucoup plus de force que les préceptes.

» Quelque emploi que vous remplissiez, fût-ce le plus petit, vous pouvez obtenir autant de mérites que les Sœurs occupées aux plus importants.

» Communauté de mérites... Persévérance... »

*
* *

Quand les Sœurs se réunirent pour la retraite de 1874, M. le Supérieur ecclésiastique, avec le dévouement paternel dont il donna des preuves incessantes à la Congrégation, voulut leur adresser quelques paroles. Ses Filles y trouvèrent des conseils précieux qu'il puisait dans son cœur de prêtre et de Père.

« Ayez, leur dit-il, un grand amour et un profond respect pour votre Règle. Quoiqu'elle ne soit établie que depuis un petit nombre d'années, elle a déjà sanctifié bien des âmes et introduit de nombreuses saintes dans le Ciel...

Si la Règle fidèlement observée est un gage de prédestination, la Règle plus ou moins négligée doit donner de grands doutes pour le salut.

» De nos jours, un saint religieux jésuite, qui fait un bien immense à Paris, compare les Religieuses fidèles à leur Règle aux Européens qui chargent leurs navires de choses de peu de valeur qu'ils échangent avec de l'or; et nous, nous gagnons le Ciel par les plus petites choses accomplies en esprit d'obéissance...

» Ayez la charité, entre Sœurs d'abord, puis avec le prochain. Que jamais une parole peu charitable n'effleure vos lèvres; je vous défie de parler librement entre vous, de la conduite de certaines personnes, sans qu'il vous en échappe quelque chose devant le public; et ceci pourrait avoir les suites les plus fâcheuses... Soyez scrupuleusement discrètes, surtout s'il existe des divisions dans les communes que vous habitez. La personne que vous auriez appuyée de votre approbation ne tiendra pas le secret, soyez-en sûres; elle se sentira forte de ce que la Sœur aura dit, et se plaira à le répéter, précisément à cause de la considération dont vous jouissez. Vous vous devez à tout le monde; ne froissez personne. Je ne vous dis pas de voir blanc ce qui est noir; si réellement quelqu'un a tort, constatez-le. Mais ce que vous pouvez toujours faire et ce que

M. l'Abbé F. LEMÉE, Aumônier
(1857-1875).

je vous recommande, c'est *de vous taire. Taisez-vous souvent, même entre vous.* »

*
* *

Désormais, la Congrégation ne devait plus posséder longtemps l'Aumônier qu'elle vénérait à si juste titre, et dont elle appréciait grandement les bienfaits de chaque jour.

La Révérende Mère en informait ses Religieuses par la lettre suivante :

Broons, 23 juin 1875.

Mes chères Filles,

Le bon Dieu demande de nous, en ce moment, un grand sacrifice dans le départ de M. Lemée, nommé, par Monseigneur, Curé de Plancoët.

Je ne doute pas que cette peine ne soit vivement ressentie par tous les membres de la Congrégation, car les Sœurs comprennent tout le bien réalisé par M. Lemée depuis dix-huit ans que nous avions l'avantage de le posséder pour Directeur.

Malgré tous nos regrets et notre vif désir de le conserver longtemps encore, nous n'avons plus qu'à nous incliner devant la volonté divine.

Je vous recommande de prier pour lui afin que le Seigneur bénisse son nouveau ministère; demandez aussi au bon Dieu de nous choisir un prêtre selon son cœur pour succéder à notre pieux et si dévoué Aumônier... »

Cette nouvelle attrista toutes les âmes... Il ne restait qu'à prier davantage, selon le conseil si sagement donné par la Révérende Mère, afin d'acquitter, au moins faiblement, une immense dette de reconnaissance.

En effet, pendant les dix-huit années qui venaient de s'écouler, M. Lemée avait donné généreusement, à la Congrégation, son temps et ses soins.

Au cours de cette période, de nombreux travaux s'étaient imposés.

C'est d'abord aux *Buttes du Château* qu'il fallut défricher et niveler les terres afin de les rendre productives, et préparer en même temps les aménagements utiles à la buanderie.

A la Maison-Mère, où les locaux devenaient de plus en plus insuffisants, diverses constructions s'imposèrent, et quelques-unes peuvent compter parmi les plus importantes, spécialement la maison dite « *Saint-Joseph* ».

Dans plusieurs paroisses, c'était le moment de bâtir des classes avec un logement pour les Religieuses.

L'instrument choisi par la divine Providence arrivait à l'heure voulue, et fort à propos.

Pour seconder la Supérieure, M. Lemée accepta volontiers de s'entendre avec les administrations et les ouvriers, de tracer les plans, de surveiller les travaux en voie d'exécution, à la Maison-Mère aussi bien que dans les fondations.

Citons en particulier les suivantes : St-Nicolas-du-Pélem, Vieux-Marché, Pédernec, Perros-Guirec, Lanrelas, Caulnes, Mégrit, Saint-Quay-Perros.

Ces entreprises exigèrent de nombreux voyages, de grandes fatigues, d'incessantes préoccupations. M. Lemée s'y assujétit de grand cœur. Pour ces sortes de travaux, il possédait de réelles aptitudes qui lui permirent de répondre à toutes les exigences du moment.

Nulle occupation à la Maison-Mère qui ne reçût parfois le concours bienveillant de M. l'Aumônier. C'est ainsi qu'on le rencontrait tour à tour parmi les maçons, les charpentiers, les plâtriers, leur donnant ses encouragements et ses conseils; au milieu des domestiques de la maison, qu'il dirigeait et formait aux divers travaux de culture et de jardinage; ou déterminant un champ d'action à tout un groupe de religieuses et de novices qui devaient, selon la saison, semer ou récolter, pois, betteraves, pommes de terre..., cultiver les fleurs, détruire les mauvaises herbes...

De ces humbles occupations, une bonne parole dégageait une idée surnaturelle, et chacun continuait avec courage le labeur quotidien.

Hâtons-nous de dire que ce prêtre zélé ne bornait point sa tâche à ce côté tout matériel; il avait grandement à cœur l'avancement dans la vertu de toutes les âmes que le bon Dieu lui confiait.

Pendant les semaines qui suivirent son arrivée à la Communauté, il venait à la chapelle pour la méditation, exercice qu'il voulut présider et remplir à haute voix. Ainsi, il initiait les débutantes à d'intimes entretiens avec le bon Dieu et ravivait la piété et la ferveur comme aux jours d'une retraite.

Ses conférences dominicales furent toujours données régulièrement. Qu'il parlât de la Règle qu'il faut observer, des fautes que l'on doit éviter, ou qu'il expliquât les beautés et les enseignements de l'évangile, l'accent convaincu du prédicateur rendait nécessairement ses paroles très convaincantes.

On n'a pas oublié avec quelle perspicacité il remarquait travers et défauts, et avec quelle vigueur il les flagellait.

Gardien de la bergerie, il la surveilla d'un œil vigilant et ne craignit jamais d'avertir. Il le fit sévèrement quand il le jugea opportun.

Qui se souvient de l'une de ces conférences, donnée en 1873, sur le scandale ? Il ne s'agissait pas de ces faits d'une gravité qui frappe tous les yeux, mais de ces manquements que l'on se pardonne avec une grande facilité, d'un *mauvais exemple donné* : une négligence concernant la régularité, une petite brèche à la déférence due aux Supérieurs, une hésitation devant un acte d'obéissance, trop peu de soin à garder le silence, trop peu de réserve dans les paroles au sujet de la charité...

Des compagnes au caractère faible se disent facilement : « Puisque Sœur N... agit ainsi, je puis me le permettre également et ne pas tant veiller sur moi... »

Et voilà cette âme, puis d'autres âmes sur la pente de l'abîme...

Résultats. — Votre indolence amènera le relâchement dans une Congrégation dont vous *deviez* garder la ferveur primitive et la transmettre aux générations qui vous succéderont.

Résolutions. — Avoir assez de fermeté pour ne pas se laisser entraîner par le mauvais exemple; garder la ferveur des vraies Religieuses; aider nos Sœurs à marcher généreusement dans la voie du salut, ne les incliner jamais vers la pente si dangereuse de la négligence, de la tiédeur...

Une direction solide, et en même temps très onctueuse, continuait et achevait l'œuvre de ces prédications.

Inutile de faire ressortir l'intérêt spécial que ce digne prêtre portait au Noviciat; ses conseils contribuèrent, dans une large mesure, à la bonne formation des jeunes filles qu'un attrait spécial appelait à la vie parfaite.

Pour les exciter à la vraie piété et les préparer à leur future mission, M. Lemée désira que la grand'messe et les vêpres fussent chantées chaque dimanche, ce qui ne se pratiquait précédemment qu'aux principales fêtes de l'année. C'était donner aux jeunes Sœurs, pour la sainte liturgie et les cérémonies paroissiales, un culte qu'elles transmettront à leurs élèves, et, en même temps, les obliger d'apprendre les beaux chants de l'Eglise, qu'elles devront enseigner en les faisant aimer.

M. Lemée ne cessa de témoigner un véritable amour pour la régularité. Il voulait de l'exactitude en toute chose; il s'y astreignait avec une ponctualité remarquable, ce qui lui donnait le droit d'exiger même stricte observance chez les autres. Il n'admettait point d'intervalle entre les exercices ou travaux qui devaient se succéder. « *Le temps passé dans l'attente,* disait-il, *est toujours du temps perdu.* »

Afin de favoriser davantage cet esprit d'ordre et de ponctualité, différentes améliorations furent apportées au règlement général et à divers emplois; mentionnons l'une des plus importantes.

Pendant les retraites séculières, les Religieuses ne disposant plus de la chapelle, leurs exercices de piété pouvaient en souffrir.

D'accord avec la Révérende Mère, M. Lemée fit transformer en oratoire la petite salle *Sainte-Claire*, où la Communauté retrouva tous ses privilèges habituels : la Sainte Messe chaque matin, la Sainte Réserve jour et nuit, avec facilité complète pour la visite au Saint-Sacrement et autres dévotions journalières.

Elle était petite, cette chapelle, où l'on se trouvait si près de Jésus ! Elle s'agrandissait de tout le réfectoire pour la méditation, la Messe et autres exercices communs.

Combien de Sœurs se rappellent encore ces petits bancs, devenus inutiles en ces jours pour la grande chapelle, qu'il fallait aligner chaque soir, après le dernier repas, et retirer chaque matin avant le premier déjeuner ! On s'y coudoyait peut-être d'un peu près, mais personne ne se plaignait : le bon Dieu était là, et l'âme jouissait...

Il ne nous appartient pas de révéler avec quel désintéressement ce digne Aumônier agit en toute circonstance. Néanmoins, les Sœurs aimeront savoir qu'elles doivent à sa générosité le grand lustre de la chapelle, la Vierge du petit jardin, un harmonium, une voiture, une machine à coudre, etc., etc.

Les années s'écoulaient, le bien se réalisait, la Congrégation prenait des développements providentiels lorsque, tout à coup, se produisit un changement inattendu : la confiance de son Evêque appelait M. Lemée à la cure de Plancoët.

Cette décision fut, nous l'avons dit, un deuil pour toute la Congrégation, qui se montra unanime dans ses regrets, comme elle l'avait été dans sa joie, en 1857, à l'arrivée de ce digne et zélé Pasteur. Mais ce dernier savait depuis longtemps le désir de son Supérieur, et il se préparait.

Depuis des mois, ses instructions de chaque dimanche avaient pour objet les sacrements de pénitence et d'eucharistie.

Peut-être sera-t-il agréable à quelques-unes de nos lectrices d'en trouver ici quelques souvenirs.

Longuement fut développé le sujet d'examen inscrit, dans le catéchisme de notre diocèse, à la prière du soir; chaque mot eut son explication simple, précise. Rappelons seulement quelques points et quelques conseils.

Résistance à la grâce. — Souvent nous résistons à la grâce : nos Supérieures ou nos Sœurs nous donnent un avis, le bon Dieu lui-même nous presse intérieurement de remplir tel acte de charité, de mortification, de corriger tel défaut; et nous n'en faisons rien, nous étouffons en notre âme la voix de la grâce qui nous sollicite au bien...

Jugement téméraire. — Juger sans connaissance de cause. Nous ignorons quel motif porte à faire telle action; gardons-nous de juger. Ayons un esprit droit; voyons mal ce qui est mal, mais ne condamnons pas.

Vie inutile et sensuelle. — La vie utile sera grandement récompensée... La vie inutile est employée, non pour le bon

Dieu, mais pour satisfaire les sens; on donne à chacun ce qu'il demande : éprouve-t-on une petite contrariété? on n'a point envie d'aller à la promenade, on demande une dispense; on n'a point envie de se rendre à la récréation, on se retire dans un coin ou dans sa chambre; on n'a point envie d'étudier, on n'étudie pas... Nous donne-t-on un ouvrage qui ne nous plaît pas? Nous le faisons à contre-cœur et le mérite est nul. C'est la vie des sens; tout est pour le corps, rien pour l'âme...

Au sujet de la sainte Communion, recueillons aussi quelques comparaisons faciles à saisir.

La sainte Communion a pour effet de nous transformer en Jésus. Mais nous pouvons recevoir la sainte Hostie sans que cette mystérieuse union s'opère. Notre-Seigneur ne peut s'unir à nous si notre cœur n'a pas les mêmes affections que le sien. Si nous plongeons une main graisseuse dans un bain d'or, nous la retirerons telle que nous l'y avons mise; l'or ne pourra s'attacher à sa surface. Il en est de même de notre âme : Notre-Seigneur ne pourra s'y unir si le péché l'a ternie.

Cette heureuse union s'opère en raison de notre désir. Une éponge, plongée dans l'eau, se remplit immédiatement; mettez-y du bois, du marbre, ces substances n'absorberont qu'une bien faible quantité d'eau. Si nous désirons peu la sainte Communion, nous en retirons peu de fruit. Il en sera de même si nous nous présentons avec un cœur rempli d'affection au péché, d'attaches pour les choses terrestres : nous manquerons de respect pour notre divin Hôte.

Nous pouvons nous représenter notre cœur comme une maison à plusieurs compartiments : il y a une cuisine, des chambres, des salons. Lorsque Notre-Seigneur descend dans notre cœur, nous le recevons dans un appartement peu préparé, mal tenu ; ce bon Sauveur frappe à la porte des autres cellules, mais nous lui répondons : « Ceci est réservé pour telle ou telle passion, vous n'entrerez pas... »

Si notre cœur n'a d'autre affection que celle de Jésus, et s'il désire beaucoup recevoir Jésus, cette union divine s'accomplira d'une façon merveilleuse...

Nous venons de le constater : avant de quitter une charge occupée si longtemps, ce cœur d'apôtre s'efforçait d'unir à Jésus, plus encore que dans le passé si possible, les âmes qu'il avait toujours conviées à marcher généreusement dans le chemin de la sanctification.

« Nommer M. Lemée, écrit une Sœur qui vécut sous sa direction, c'est rappeler à ma mémoire un modèle de toutes les vertus sacerdotales. Sa piété, sa simplicité, son esprit de foi parlaient à nos âmes. Sa régularité était exemplaire ; jamais de retard pour aucun exercice.

» Ses enseignements étaient marqués au cachet de la plus grande simplicité ; il nous expliquait clairement nos devoirs, en se basant sur la Règle. Il nous répétait souvent, soit à la chapelle, soit au noviciat, d'acquérir une vertu solide ; il voulait des actes plutôt que des sentiments. Il nous recommandait de nous faire *toutes à tous*, et lui-même nous en donnait l'exemple par son affabilité, sa bonté paternelle. On pouvait recourir à lui dans la peine : il savait consoler et fortifier... »

*
* *

La Congrégation ne restera pas orpheline ; la Sainte-Vierge, qui veillait, allait obtenir de nouveau, pour lui confier ses Filles, une âme d'élite, un cœur d'apôtre et de saint.

A l'Aumônier constructeur allait succéder l'Aumônier professeur. C'était encore l'élu de la Providence, apportant de nouvelles aptitudes pour répondre à de nouvelles obligations.

Conviée à présenter ses désirs au sujet du remplacement qui s'imposait, la Révérende Mère eut l'inspiration de désigner un jeune prêtre qu'elle ne connaissait encore que de réputation : M. l'Abbé Mignonneau, Vicaire à Saint-Sauveur de Dinan.

M. Frélaut-Ducours voulut bien en parler à Monseigneur, qui répondit : « Je ne m'y oppose pas; mais il faudrait savoir d'abord si M. Mignonneau agréerait cette place. »

En recevant cette proposition, l'intéressé répondit selon la règle qu'il s'était imposée et qui dirigera toute sa vie : « Un désir de mon Evêque sera toujours un ordre pour moi. »

Quelques jours plus tard, muni de ses lettres le nommant Aumônier des Religieuses de Broons, M. Mignonneau fit sa première visite à la Communauté. C'était le 4 juillet; le 9, il s'y fixait définitivement.

Ce prêtre distingué par la science et par les talents, témoignait une grande défiance de lui-même, et sollicitait de nombreuses prières afin qu'une grâce puissante l'aidât à réaliser quelque bien.

Son premier sermon fait à la chapelle eut pour texte : « *Si quelqu'un veut être mon disciple, qu'il renonce à lui-même et qu'il me suive* », et peut se résumer en ces deux mots : *Se renoncer* pour arriver à la *sainteté*. « ... Il faut nous renoncer dans nos inclinations perverses, dans notre caractère, dans notre volonté propre... Disons sérieusement, et sans nous décourager à la vue de nos difficultés : « Je *veux* être une sainte, je vais *travailler* à le devenir, et, avec la grâce de Dieu : *Je serai une Sainte !!!* »

Le nouvel Aumônier donnait son programme et le but vers lequel tendront tous ses efforts.

*
* *

Dans un voyage à Paris, la Révérende Mère avait acheté, pour notre chapelle, un chemin de croix plus convenable que les précédents. Ce chemin de croix fut béni solennellement, par M. Mignonneau, le dimanche 22 juillet 1875.

*
* *

Avant sa nomination, M. l'Aumônier avait pris toutes ses dispositions pour un pèlerinage à Rome. Le 15 août, il partit, en compagnie de M. le Recteur de Sévignac, après avoir récité en commun, à la chapelle, les prières de l'*itinéraire*.

Pendant son voyage, le pèlerin eut l'obligeance d'adresser à la Révérende Mère des lettres assurant de son pieux souvenir près des Saints Apôtres et des autres Bienheureux vers lesquels l'appelait sa dévotion personnelle.

Le 22 septembre, il rentrait à la Communauté. Dans trois réunions, il édifia les Sœurs par d'intéressants détails sur les principaux sanctuaires visités, sur deux audiences, l'une privée et l'autre publique, dans lesquelles il avait eu le bonheur de voir et d'entendre le vénéré Pie IX, et concernant la messe du Saint-Père, à laquelle il lui avait été permis d'assister.

Pendant son voyage à Rome, sur la prière de la Révérende Mère, M. l'Aumônier s'occupa de faire graver une médaille de la Congrégation.

Le 28 août, il écrivait le résultat de ses démarches.

« Je me suis adressé au graveur du Souverain Pontife pour la médaille. Le travail demande plusieurs mois, mais je crois qu'il sera digne de l'artiste et de la Congrégation dont il rappellera la mission et les patrons... »

Les sujets représentés sur cette médaille sont, d'un côté, la Présentation de Marie au temple, et, de l'autre, Saint-Vincent de Paul.

Un essai de ladite médaille parvint à la Communauté le jour de la Présentation de la Sainte Vierge et fut agréé par Mme la Supérieure.

Le 2 février suivant, la Révérende Mère reçut un envoi qui comprenait : trois grosses de médailles, cuivre bronzé, et quelques médailles d'argent; il s'y trouvait joint le moule qui avait servi à les fabriquer.

Trois de ces médailles : une d'or, une d'argent, une de cuivre, furent présentées à Sa Sainteté, par l'entremise de Monseigneur Mercurelli, en même temps qu'une supplique adressée par la Révérende Mère générale, demandant au Saint-Père de bénir ladite médaille et d'accorder, à perpétuité, à toutes les Religieuses de Sainte-Marie de la Présentation qui la porteront :

1° Une indulgence *plénière* à gagner une fois le mois aux conditions ordinaires et applicable aux âmes du Purgatoire;

2° Une indulgence *partielle*, également applicable aux défunts, chaque fois qu'elles baiseront respectueusement la présente médaille, en invoquant le nom de la Bienheureuse Vierge Marie.

La supplique reçut favorable accueil; le 22 mai 1876, Sa Sainteté daigna la signer Elle-même.

Cette feuille parvint, le 15 juin suivant, à M. l'Aumônier, qui s'empressa de communiquer cette heureuse nouvelle à la Communauté réunie pour la récréation du soir.

Grande fut la joie de tous, et les Sœurs demandèrent à baiser la signature du vénéré Pie IX.

A la fin de la retraite annuelle, 13 août 1876, les Religieuses reçurent la bénédiction papale, faveur insigne obtenue à toute la Communauté par M. Mignonneau, lors de son récent pèlerinage à la Ville Eternelle.

C'est aussi à cette même époque que la Révérende Mère remit, à toutes ses Filles, la médaille venue de Rome, et enrichie des bénédictions du Saint-Père. Cette médaille était destinée au grand chapelet que chaque Sœur porte suspendu au côté depuis le jour béni de sa vêture religieuse.

*
* *

Au printemps de cette année 1876, trois Sœurs : Sœur Sainte-Catherine, Assistante; Sœur Saint-Anselme, Conseillère, et Sœur Saint-Ignace, avaient été désignées pour représenter la Congrégation au pèlerinage diocésain de

Lourdes, que présidait Monseigneur l'Evêque de Saint-Brieuc, accompagné de M. Frélaut-Ducours.

Ces trois Sœurs partirent le 8 mai ; elles devaient prier aux intentions recommandées par Monseigneur et demander très instamment, pour la Congrégation et ses Œuvres, la protection spéciale de la Sainte Vierge, et pour chacune des Filles de Sainte-Marie : l'esprit religieux, l'esprit de piété et de dévouement, l'esprit de charité.

Afin de s'unir davantage aux prières et aux saints exercices des pèlerins, Notre Révérende Mère autorisa les Sœurs de la Maison-Mère, à qui leur emploi le permettait, à se joindre aux processions de la retraite séculière qui avait lieu cette même semaine. A ces processions, on portait, sur un brancard, une petite grotte représentant celle du roc Massabielle, et les chants de Lourdes alternaient avec les litanies de la Sainte Vierge.

IV

La Révérende Mère et la Maîtresse des Novices à Rome. — Reliques de Saint Prosper. — Monseigneur David à la Communauté. — Conférence aux jeunes Professes. — Première fête solennelle du Saint-Sacrement. — Décès de Pie IX. — Avènement de Léon XIII. — Deux retraites religieuses. — Elections. — Noces d'Or de la Mère Fondatrice. — Soins donnés à l'instruction. — Cours de littérature. — M. le Supérieur malade à la Communauté. — Agrandissement du cimetière. — Fête patronale. — 1877-1880.

La divine Providence réservait, pour cette année 1877, l'une des joies les plus douces et les plus profondes que dut jamais éprouver la vénérée Mère générale : Monseigneur David, Evêque de Saint-Brieuc, voulut qu'elle prît part au pèlerinage diocésain que Sa Grandeur allait conduire à Rome.

Une lettre circulaire, datée du 28 février, informait la Congrégation de cette faveur.

« Je vous annonce, écrivait la digne Mère, que Monseigneur m'appelle au pèlerinage de Rome, qui doit s'ouvrir le 16 avril. Je ne puis vous dire l'impression que produit sur moi ce voyage béni. Je suis si indigne de cette faveur ; j'étais si loin de m'y attendre !... je n'aurais même jamais osé y penser.

C'est l'Obéissance qui m'y conduit; mais je sens, plus que je ne puis le dire, ma pauvreté pour vous présenter toutes, et chacune en particulier, pour le présent et pour l'avenir, au Grand et Saint Père Pie IX, le Chef de la Chrétienté, le représentant de Notre-Seigneur sur la terre, le successeur de Pierre, persécuté et emprisonné comme lui.

Quand je pense que je le verrai, et que, prosternée à ses pieds, je vous représenterai toutes, je trouve ma mission sublime et je me sens attendrie jusqu'aux larmes.

Sœur Sainte-Euphrasie m'accompagnera dans ce voyage, afin qu'elle aussi vienne représenter le Noviciat, et recevoir, pour les Novices actuelles et futures, les bénédictions du Chef de l'Eglise. Priez beaucoup, mes chères Filles, pour que ce pèlerinage soit une source de bénédictions pour la Congrégation tout entière.

Il durera trente jours; je vous demande de réciter journellement, pendant sa durée, le *Veni Sancte*, le *Pater* et l'*Ave*, et la prière à l'Ange gardien : *Ange, mon protecteur...* Faites aussi, je vous prie, à la même intention et à celle du Saint-Père, une de vos communions de chaque semaine.

Le 16 avril, jour du départ, vous voudrez bien réciter le *Veni Creator* et l'*Ave, maris Stella*, afin que le Saint-Esprit nous dirige et que la Sainte Vierge nous protège... »

Quand vint ce jour du 16 avril, les prières de l'*itinéraire* furent récitées à la chapelle. La Mère Supérieure fit ses adieux à ses chères Filles, se recommandant de nouveau à leurs prières et les exhortant à se sanctifier, pendant son absence, par l'union la plus parfaite et l'obéissance la plus entière.

Monsieur l'Aumônier, la Mère Assistante et les Conseillères conduisirent à la gare les deux pèlerines, qui partirent de Broons à six heures du soir.

Le 23 avril, la Mère Assistante donnait, aux Sœurs des fondations, des nouvelles de la Révérende Mère, dont la santé se soutenait malgré de grandes fatigues. Elle les informait aussi qu'une communion supplémentaire leur était accordée, chaque semaine, à l'occasion du pèlerinage et pendant tout son cours.

Les pèlerins regagnaient leur Bretagne le vendredi, 18 mai. Les mêmes Sœurs qui avaient accompagné la Révérende Mère, au départ, se rendirent encore au-devant d'elle jusqu'à la station. Toutes les Religieuses et les Novices attendaient sur la cour de la Communauté. Les cloches sonnèrent au moment où l'on aperçut la voiture.

La bénédiction du Saint-Sacrement, qui devait être donnée la veille, avait été remise à ce jour de l'arrivée des voyageuses. Avec celles-ci, il convenait d'offrir au Ciel de vives actions de grâces pour les faveurs obtenues au cours de l'heureux pèlerinage qui prenait fin.

Dans la lettre qu'elle adressait aux Sœurs, le 24 mai, la Révérende Mère donnait quelques détails, en très petit nombre, mais les plus importants.

« Mes chères Filles, je suis rentrée de mon long pèlerinage vendredi soir, bien portante. Un œil cependant m'a fait souffrir depuis Pise; il devient beaucoup mieux et, dans quelques jours, tout mal aura disparu.

Mais parlons du Saint-Père. Nous avons eu quatre audiences : deux étaient tellement nombreuses que j'entendis le Saint Pontife sans le voir; les deux autres me dédommagèrent ainsi que ma Sœur. Nous vîmes très bien l'Auguste Pie IX; nous lui avons parlé, et Il nous a bénies, ainsi que chacun des membres de notre Congrégation et de nos familles; nous lui avons baisé la main... Si vous saviez comme Il est simple et bon, et comme ses paroles respirent la foi, inspirent la piété et la vraie vertu !

Sa Sainteté nous recommanda de prier beaucoup et de combattre les ennemis de l'Eglise en demeurant fermes et fidèles à ses lois : « *Si nous voulons être à Jésus-Christ*, nous a dit ce vénéré Pontife, *fuyons le monde, qui est l'ennemi de Jésus-Christ et qui a été condamné par Lui; attachons-nous à l'exemple que nous a donné le divin Maître, et aimons l'Obéissance, la sainte Pauvreté, la sainte Humilité...* »

Je ne vous ai pas oubliées à la Confession de Saint-Pierre et de Saint-Paul, ces grands Saints qui, les premiers, ont scellé leur foi de leur sang ! Je les ai priés de mon mieux de nous obtenir à toutes une foi vive et active, une foi inébranlable et toujours pure qui nous tienne attachées aux enseignements de la Sainte Eglise. Dieu veuille que ces Confesseurs de la foi m'aient entendue et que nous soyons des Epouses fidèles de Jésus !

Quand nous nous verrons, je vous dirai le reste... »

Le 12 juin suivant, la Mère générale reçut une supplique [1], qu'elle avait adressée au Saint-Père, et dont voici la teneur :

« TRÈS SAINT PÈRE,

» Marie-Anne Petibon, en religion Sœur Saint-André, Supérieure générale de la Congrégation des Filles de Sainte-Marie de Broons, Diocèse de Saint-Brieuc et Tréguier, actuellement présente à Rome, et humblement pros-

---

[1] M. Frélaut-Ducours l'avait rédigée ; elle se trouve maintenant exposée à la salle Saint-Pierre.

ternée aux pieds de Votre Sainteté, La supplie de daigner lui accorder, pour elle et pour toutes les Religieuses de la Congrégation actuellement vivantes, une bénédiction apostolique et une Indulgence plénière à gagner le jour de la clôture de leur retraite annuelle, aussi longtemps qu'elles vivront.

» Rome, le 3 mai 1877.

» *Pro gratia in forma Ecclesiæ consueta.*

» Pius P. IX.

» *Testatur infrascriptus superiorem subscriptionem huic supplici libello appositam, verum authographum esse SSmi D. N. Papae Pii IX.*

» † Fredericus Ludovicus, Card. de Falloux [1]. »

*
* *

La Révérende Mère désirait vivement obtenir un corps saint pour la chapelle de la Maison-Mère, comme souvenir de son pèlerinage. Etant à Rome, elle avait fait des démarches pour se le procurer; mais inutilement.

M. Frélaut-Ducours s'intéressait fort à ce pieux projet; il continua de s'en occuper et bientôt il eut le bonheur d'en voir la réalisation : un corps saint, parfaitement authentique, retiré en 1829 des Catacombes de Saint-Calixte, parvenait à la Communauté le mercredi 23 juin.

---

[1] Le soussigné atteste que la signature ci-dessus apposée à ce rescrit de la suppliante est un véritable autographe de Notre Très-Saint Père le Pape Pie IX.
    Frédéric Louis, Cardinal de Falloux.

Le dimanche 8 juillet, à la conférence de dix heures, M. l'Aumônier donna quelques détails sur les Catacombes; en même temps, il rappelait aux Sœurs le respect dû aux reliques du saint Martyr que la divine Providence leur avait choisi, la vénération avec laquelle il convenait d'accueillir ce nouvel Hôte, la confiance avec laquelle il fallait l'invoquer, les hommages de respect et d'amour qui devaient compenser l'oubli de tant de siècles subi par ce Bienheureux.

On s'empressa de réparer, de rafraîchir le reliquaire qui contenait les ossements du Martyr du Christ. Tout fut prêt pour le samedi 29 novembre. En ce jour, M. l'Aumônier replaça les reliques et les exposa dans la chapelle des Religieuses, entre le sanctuaire et la petite chapelle de l'Archiconfrérie.

Ce même jour, Monseigneur l'Evêque de Saint-Brieuc et M. Frélaut-Ducours se trouvant à la Communauté, la Révérende Mère leur offrit, à chacun, un reliquaire renfermant quelques parcelles des ossements du Saint.

Sans tarder, la Révérende Mère écrivit aux Sœurs (décembre 1877). « ... Les reliques de saint Prosper, précieux souvenir de mon voyage à Rome, ont été et demeurent exposées dans notre chapelle depuis le 24 novembre. Dès ce jour, nos malades l'ont prié avec une grande confiance et nous avons fait une neuvaine à leur intention... Priez avec nous ce nouvel Hôte que la divine Providence nous a destiné : il ne saurait manquer de nous inspirer une grande confiance et de s'intéresser, d'une manière toute spéciale, à nos besoins personnels et à ceux de la Congrégation... »

*
* *

Après avoir suivi, sans interruption, les faits intéressants relatés ci-dessus, reprenons l'historique général de cette même année 1877.

Pour étendre davantage les connaissances intellectuelles et préparer l'avenir, quatre Sœurs reçurent, trois fois la semaine, des leçons d'anglais que leur donnait une dame complaisante résidant à Broons. Ce cours dura huit mois, de janvier à septembre.

Deux autres religieuses prirent également des leçons d'italien pendant deux mois environ.

Appelé dans la région pour la bénédiction d'une cloche à Broons, et diverses cérémonies dans les paroisses environnantes, Monseigneur descendit à la Communauté.

Toutes les Sœurs attendirent, sur la cour, l'arrivée du pieux Evêque.

Avant la bénédiction du Saint-Sacrement, que Sa Grandeur eut l'obligeance d'accorder et de présider, ce bon Pasteur voulut bien distribuer, à ses Filles, le pain de la divine parole.

Prenant pour texte : *Un seul cœur, une seule âme*, Monseigneur recommanda la charité fraternelle, l'union des cœurs indispensable pour réaliser le bien que le bon Dieu attend de nous.

Pour parvenir à cette unanimité de sentiments, une vertu, surtout, est nécessaire : *l'obéissance*. L'obéissance simple, prompte, affectueuse nous fait trouver le bonheur dans l'accomplissement du devoir. Elle est pour nous le grand moyen d'arriver à la perfection. Si nous ne pratiquons pas de grandes austérités, nous avons, en revanche, des occasions fréquentes de mortifier notre volonté. Au lieu de refuser les sacrifices, acceptons-les avec amour : ils nous mériteront une grande récompense dans le Ciel.

*
* *

De nombreuses jeunes Professes se trouvaient réunies à la Maison-Mère, les unes comme professeurs au Noviciat et dans les classes des enfants, les autres, de beaucoup les plus nombreuses, comme étudiantes et se préparant à subir plus ou moins tôt les épreuves de l'examen.

Sur la prière de la Révérende Mère, M. l'Aumônier consentit à prendre d'elles un soin spécial en perfectionnant leurs connaissances religieuses.

Depuis le 30 avril jusqu'à la fin de l'année scolaire, il leur donna très assidûment, le lundi de chaque semaine, dans la salle Sainte-Scholastique, une de ces conférences qui portent à l'amour et à la pratique de la vertu.

Les Sœurs suivirent ces enseignements avec grand profit pour leurs âmes; elles en ont gardé fidèle souvenir.

C'est en cette année que la Communauté, pour la première fois, célébra solennellement la Fête-Dieu (31 mai). Il y eut grand'messe à six heures un quart, vêpres solennelles à trois heures, puis procession dans l'enclos.

Les prêtres du canton avaient répondu, nombreux, à l'invitation de la Révérende Mère et formaient un cortège d'honneur à Jésus-Eucharistie, qu'entouraient aussi dix enfants de chœur et quatre petites filles des classes, vêtues de blanc, qui jetaient des fleurs devant le Souverain-Roi.

Les pensionnaires ouvraient la marche, en portant leurs croix et leurs bannières. Les religieuses suivaient, sur deux rangs, heureuses de ces hommages publics rendus à leur aimable Maître et très doux Sauveur !

* * *

Avec sa grande foi, rien d'étonnant que notre vénérée Mère ait voué un amour spécial à la Sainte Eglise et à la Papauté.

Depuis son voyage à Rome, elle professait une sorte de culte pour le Saint Pape Pie IX. Aussi sa douleur fut profonde quand, le vendredi 8 février 1878, la Communauté se trouvant à la chapelle pour la prière du soir, M. l'Aumônier annonça que le grand Pontife n'était plus de ce monde : la veille, jeudi 7 février, Jésus avait appelé son digne Vicaire à la céleste béatitude !!!...

Quelles hautes pensées assaillirent alors la belle intelligence de notre Révérende Mère? Quels souvenirs se pressèrent dans son cœur angoissé? Elle en a gardé le secret, mais nous croyons retrouver ses sentiments dans les paroles prononcées le lendemain, avant la messe de Règle, par M. l'Aumônier, autre cœur bien filial et douloureusement oppressé, rappelant : les titres du regretté Pontife à la gratitude de toute la Chrétienté, les faveurs spéciales accordées par Sa Sainteté à notre Congrégation, la protection si particulière dont Pie IX entourait les Instituts qui s'occupent de l'instruction des enfants, sentiments dont l'Auguste Pontife donnait une nouvelle preuve dans son allocution du 2 février dernier, laquelle se rapportait uniquement aux soins à donner à l'enfance...

» Mais, en priant pour notre vénéré Père défunt, n'oublions pas de demander que le bon Dieu choisisse son successeur, que Celui à qui sera confié le timon de la barque de Pierre possède les grâces voulues pour les jours si difficiles que nous traverserons... »

A son tour, M. le Vicaire général, Supérieur de la Congrégation, dans une lettre adressée à la Révérende Mère, pressait la Communauté de prier pour Pie IX et pour Celui qui doit lui succéder.

Cédant aux sentiments de son cœur et à ces filiales recommandations, la Révérende Mère pria beaucoup et fit prier en public et en particulier. Elle convoqua tous les prêtres du canton au service solennel qui eut lieu dans notre Communauté le 14 février.

La chapelle était entièrement tendue de noir. De la statue de la Vierge descendait une draperie noire et blanche, qui entourait le chœur. Une autre draperie noire serpentait sur les murs. La chaire disparaissait, elle aussi, sous des ornements de deuil.

Çà et là, des écussons voilés de crêpe portaient les armes du Pontife défunt, les dates principales de son glorieux pontificat et la devise : *Crux de cruce.*

Au milieu de la nef se dressait un catafalque avec ses draperies de deuil relevées par un gland d'or. Il était surmonté d'un dôme de verdure que dominait la triple croix, symbole de la triple puissance de Pierre ; cette croix sortait d'une touffe de lauriers, plantes qui ornaient aussi les quatre côtés du monument.

L'œil se reposait respectueusement sur la blanche croix du drap mortuaire, que recouvraient les insignes de la papauté : la blanche tiare, étincelante de dorures et de pierreries habilement simulées, reposait sur un coussinet de soie rouge bordé d'or ; et, tout auprès, la chape également rouge, avec les clefs de Pierre, attribut du pouvoir suprême.

Quand vint l'heure d'offrir la divine Victime, de nombreuses lumières, disposées avec grâce, jetèrent dans cette enceinte une pâle lueur ; l'orgue mêla ses plaintifs accents avec les chants alternés des vétérans du sanctuaire et des Religieuses à l'âme angoissée. Les prières si touchantes de la Sainte Eglise prirent fin dans une dernière note lugubre et un dernier *Requiem*...

La chapelle garda ses ornements de deuil jusqu'au dimanche 17, après les Vêpres.
Ce jour, à la conférence de dix heures, M. l'Aumônier, en chaire, prononça le panégyrique de Pie IX.

**

Dès le jeudi, 21, nous apprenions que le deuil de l'Eglise avait pris fin, et nos prières furent acquises désormais aux intentions de l'Elu du Christ-Roi.
Une biographie du nouveau Pape nous étant parvenue, on en fit la lecture au réfectoire, et chaque Sœur en suivit les détails avec le plus vif intérêt.

Dans le chœur de la chapelle, un autel fut préparé pour recevoir, le dimanche 24, les insignes de la Papauté, mais non voilées de deuil cette fois. Près de ces insignes, deux cierges brûlèrent pendant la grand'messe et les vêpres.

Une gracieuse et élégante illumination décorait cet autel improvisé, le soir, pendant la bénédiction du Très Saint-Sacrement. Cette bénédiction fut suivie du *Te Deum*, puis de l'*Ave, maris Stella*. Les cloches jetaient, en même temps, aux échos, leurs joyeux carillons.

Enfants fidèles de la Sainte Eglise, nous avions mêlé nos larmes aux siennes; maintenant, avec Elle encore, ne convenait-il pas de se réjouir?

Ce même jour, le mandement de Monseigneur lu en chaire, vint accroître notre amour pour le nouvel Elu, en nous le faisant connaître davantage, par d'intéressants détails sur l'élection de Léon XIII, nous montrant les qualités remarquables de ce Pape, appelé, sans doute, à reproduire les vertus dont les Souverains Pontifes du même nom ont donné l'exemple : *cinq* ont reçu les honneurs de la canonisation après s'être illustrés par des actions exigeant beaucoup de génie et de fermeté.

Le 2 mars de cette année, Monseigneur l'Evêque de Saint-Brieuc arrivait à notre Communauté.

Sur son passage, rencontrant toutes les Sœurs réunies à la salle *Sainte-Cécile*, Sa Grandeur leur adressa quelques conseils que nous résumons brièvement.

« Je suis convaincu que chacune d'entre vous travaille avec ardeur pour acquérir ce haut degré de perfection qui fait les saints, que chacune s'étudie à se bien connaître, à immoler sa volonté propre, à préférer toujours le sentiment des autres au sien, enfin que chacune désire et prend volontiers la *dernière* place.

Je vous recommande une toute petite vertu : *le support mutuel*. Dans une maison religieuse, il faut que chaque Sœur sache supporter, pour l'amour de Dieu, les petits défauts de caractère de ses compagnes, pendant qu'elle-même fait souvent souffrir les autres par de petites misères inséparables de la vie. C'est beaucoup de savoir se supporter et supporter les autres : c'est le bonheur d'une Communauté...

Votre principale occupation, c'est l'instruction. L'idole de notre siècle, c'est la science. Par devoir, vous êtes obligées de vous livrer à ces sciences profanes. Vous le devez d'autant plus que l'instruction donnée par les laïques porte toujours moins de fruits que l'instruction donnée par les Religieuses. Mais, loin de se prévaloir du petit savoir que Dieu leur donne et du choix qu'Il a fait d'elles, les Religieuses les plus instruites doivent se distinguer, entre les autres, par une plus grande simplicité et une plus profonde humilité, parce que toute connaissance acquise pour un bon but porte nécessairement au bon Dieu... »

*
* *

La cérémonie de vêture et de profession, fixée au 2 juillet, fut présidée par Monseigneur.

La Congrégation prenait de l'accroissement; il devenait difficile de réunir, dans la petite chapelle de la Maison-Mère, Religieuses et Novices pour la retraite annuelle. Aussi fut-il décidé de donner deux retraites en août 1878. Le même Père Jésuite, le P. Guibbé, voulut bien se charger des deux. A la première, spécialement destinée aux Novices, assistèrent quelques Sœurs de la Maison-Mère et les Sœurs gardiennes des autres établissements.

La grande retraite, qui commença le dimanche 4 août, pour se terminer le dimanche suivant, fut précédée des élections, que présida M. Frélaut-Ducours.

La Congrégation continua de donner ses suffrages à la Mère vénérée qui la gouvernait depuis si longtemps et avec tant de sagesse et de bonté. Mère Sainte-Euphrasie devint Assistante générale.

Avant que ce mois d'août ne terminât son cours, notre chapelle allait jouir, pour la première fois, d'une fête touchante : le cinquantenaire de profession de la vénérable Mère Saint-Louis, Fondatrice de la Congrégation.

C'était le 25 août.

A dix heures, on vit s'avancer la vénérée Jubilaire, guidée par la Mère Générale et la Mère Assistante. Rendue à la Table Sainte, elle reçut un cierge allumé, gage de sa foi et de son amour, et M. l'Aumônier entonna le *Veni Creator*. Puis, dans une instruction brève mais documentée, il rappela les humbles débuts de notre Congrégation et la fin sublime de notre vocation.

« Approchez, dit-il en terminant, approchez vénérable Mère Saint-Louis; et de cette voix puissante et ferme, parée de l'auréole de vos vertus, de vos mérites et de votre dévouement, renouvelez votre première consécration; et montrez à toutes ces jeunes Religieuses et Novices, qui vous entourent avec bonheur, respect et amour, que si les forces peuvent s'affaiblir, il est un sentiment qui demeure toujours au cœur de la bonne Religieuse : *la ferveur...* »

La digne Mère redit alors les saints Vœux prononcés,

cinquante années auparavant, dans le secret de son cœur, pendant que la divine Victime s'immolait sur l'autel paroissial de Broons.

L'Eglise lui remit la symbolique couronne blanche, et Jésus, quittant son tabernacle, combla de bénédictions son Epouse fidèle.

Quels sentiments remplissaient l'âme de la pieuse Fondatrice lorsqu'elle jetait un regard sur le tabernacle de notre bénie chapelle, sur la Vierge protectrice de notre famille religieuse et sur les groupes nombreux de Professes, Novices, Postulantes qui se pressaient à ses côtés?

Des larmes humectaient sa paupière et ses lèvres restaient impuissantes à traduire son étonnement et sa reconnaissance, sa foi en l'action de la Providence et en la puissante protection de la Vierge Marie.

*
* *

M. l'abbé Rolland, Curé de Broons depuis trois ans et demi, rendit son âme à Dieu le jeudi 12 décembre 1878. Ce pieux prêtre témoignait une grande bienveillance aux Religieuses; il leur confia la surveillance des petites filles à l'église, chaque dimanche et pendant toute la retraite de première communion.

Son successeur, M. l'abbé Marval, se montra très bon et très sympathique.

Sans tarder, il soumit à la Révérende Mère son projet de confier à la Communauté la surveillance de la sacristie et le soin du linge de l'église.

Tout en accédant à cette demande, la Révérende Mère pria M. le Curé de choisir, dans la ville, quelques personnes pieuses ayant des loisirs, qui s'occuperaient volontiers de l'ornementation des divers autels; il ne resterait aux Sœurs que la bonne tenue de la sacristie, avec le blanchissage, raccommodage et repassage du linge. Ces propositions furent acceptées.

*
* *

Le 24 février 1879, Monseigneur l'Evêque, qui nous avait fait l'honneur de descendre à la Maison-Mère, voulut bien célébrer la messe de règle et donner la sainte Communion à toute la Communauté.

Après son action de grâces, Sa Grandeur fit aux Sœurs une courte exhortation, leur recommandant tout spécialement la pratique de l'humilité, de l'obéissance et de la charité.

*
* *

Peu de temps après son arrivée à la Communauté, M. l'Aumônier reçut de son Evêque, par une lettre spéciale qui fut soigneusement conservée, la mission de surveiller et de promouvoir les études, au Noviciat tout d'abord, et aussi dans toutes les classes de la Congrégation.

On vit alors ce digne prêtre, dont l'humilité céda toujours devant l'obéissance, se mettre sans retard à ce labeur qui répondait si bien à ses aptitudes et qui n'en devait pas moins lui causer de perpétuelles fatigues.

Après convention avec Supérieures et Maîtresses, il fut décidé qu'il se ferait professeur très régulièrement, aux jours et moments désignés à l'avance et ordinairement pour tout le cours d'une année scolaire.

Ces classes iront se multipliant, selon les circonstances et les exigences du temps; mais il en est deux qui se pratiqueront avec une régularité presque mathématique : la récapitulation hebdomadaire et l'examen trimestriel.

La première, qui occupait toutes les heures de classe du samedi, comprenait un sérieux retour, avec récitation et explication, sur toutes les parties étudiées dans la semaine; et, de plus, une dictée et différents exercices de grammaire, d'analyse, de lecture expliquée, d'arithmétique...

La récapitulation trimestrielle revenait trois fois l'an : avant Noël, avant Pâques, avant les examens de juillet.

C'était un examen écrit et oral. Ceux de Noël et de Pâques se limitaient aux parties étudiées pendant le trimestre qui prenait fin; le troisième portait sur tout le programme parcouru au cours de l'année scolaire.

Tout se pratiquait avec l'assentiment de l'Evêché, nous l'avons dit; et aussi sur les pressants encouragements de M. le Supérieur ecclésiastique qui daigna, lui aussi, surveiller et organiser, d'après les meilleures méthodes, ces études qui devenaient urgentes en ce moment.

Bien plus, il vint souvent consacrer ses trop rares loisirs à la formation des élèves et des maîtresses qui bénéficieront, pendant plusieurs années, de son dévouement, de sa science, de son expérience de parfait éducateur.

C'est en mars 1879 que fut commencé ce cours de littérature, qui continuera pendant longtemps avec grand profit pour les élèves.

Tous les jeudis, à neuf heures, les Sœurs possédant leurs diplômes ou s'y préparant, se réunissaient à la salle du Sacré-Cœur.

M. l'Aumônier leur expliquait une leçon de littérature et leur donnait un devoir à rédiger. Remis au professeur le lundi, ce devoir devenait, le jeudi suivant, l'objet de nombreuses et très intéressantes corrections.

Quels souvenirs gardent toujours, des leçons reçues alors, les Sœurs qui en bénéficièrent? Quelques-unes vont nous le redire.

« J'aime à me rappeler notre Révérend Père, M. Frélaut-Ducours, et les précieux enseignements qu'il nous donnait. Quel dévouement pour la Congrégation! et pour le Noviciat, avenir de cette même Congrégation!

» Il se dépensait sans compter pour notre instruction; et, discrètement mais sûrement, il se rendait compte si nous pouvions subir avec succès les épreuves de l'examen.

» Chaque semaine, ou chaque quinzaine à peu près, il venait à Broons... Tout d'abord, je le craignais beaucoup; je tremblais quand on annonçait sa venue... Ces craintes mal fondées disparurent vite. Notre Révérend Père était si bon! il nous portait un si grand intérêt! il nous donnait des leçons si attrayantes!... »

« De notre bon et vénéré Père, M. Frélaut-Ducours, j'ai gardé les plus doux et les plus précieux souvenirs. J'ai toujours admiré sa grande bonté, qui lui gagnait tous les cœurs, son dévouement inépuisable pour notre Congrégation, son zèle ardent pour notre formation religieuse et notre préparation à la carrière de l'enseignement.

» Pour atteindre ce double but, que de fatigues ne s'imposait-il pas?... Descendant jusqu'aux moindres détails, il répétait, avec une patience inlassable, autant de fois qu'il était utile pour se faire bien comprendre, assai-

sonnant le tout d'un grand esprit de foi et d'une franche gaieté... Au moment où nous nous rendions aux examens, il nous adressa ces mots que je n'oublierai jamais :
« Partez, mes enfants, et que Jésus couronne vos efforts.
» Vous avez travaillé pour Lui et pour votre Congréga-
» tion : donc, quoi qu'il advienne, soyez en paix. Vous
» n'avez pas perdu votre temps. »

» Je garde encore, gravés dans ma mémoire, ces autres conseils reçus de lui : « La science est nécessaire à la
» Religieuse institutrice; mais la vertu l'est bien davan-
» tage. Tout en préparant votre examen, efforcez-vous
» d'acquérir la perfection de votre saint état... Mettez le
» bon Dieu dans vos études : vous travaillerez pour Lui,
» et Il ne manquera pas de vous bénir... »

« Pendant les trop courtes années que j'ai passées sous la direction de M. Mignonneau, j'ai fort apprécié son grand esprit de foi, sa régularité parfaite, son généreux dévouement, et aussi, et surtout, la droiture de ses conseils que l'on pouvait suivre avec toute assurance de marcher dans la bonne voie.

» M. Mignonneau, en effet, était versé dans les sciences religieuses et profanes, et il aimait communiquer aux autres, dans la mesure du possible, les connaissances qu'il possédait.

» Il venait souvent au Noviciat donner des répétitions et des compositions. Souvent, il y avait des récompenses pour les élèves qui obtenaient les premières places, et toujours des encouragements nombreux pour celles qui restaient aux derniers rangs... Nous aimions le voir venir; il avait le talent de se faire bien comprendre et rendait notre travail plus facile.

» C'était surtout l'instruction religieuse qu'il nous donnait avec grand zèle, chaque dimanche et chaque jeudi... »

*
* *

La Révérende Mère voyait avec bonheur les heureux développements donnés à la bonne éducation de ses Filles ; elle y contribuait par ses encouragements, par ses conseils et par toutes les mesures qui lui paraissaient devoir augmenter la somme de ces utiles connaissances.

Si nous parcourons les lettres-circulaires de cette époque, nous trouverons, à peu près dans toutes, des recommandations au sujet des études.

« Que les Sœurs institutrices ne se dispensent jamais de préparer leurs classes ; c'est toujours par là qu'elles doivent commencer l'heure d'étude à laquelle j'attache tant d'importance... »

« Aux vacances, onze Sœurs seulement nous ont apporté leurs cahiers de devoirs. Je les félicite de leur docilité, et, sauf une ou deux, je me plais à louer leur travail et leur application... »

« Evitez les sorties inutiles... afin que vous ayez tout le temps voulu pour travailler à votre instruction et à celle de vos compagnes et pour préparer les devoirs que vous devez donner à vos élèves... »

« Il faut que *toutes* vous vous empressiez de donner du temps aux jeunes Sœurs pour qu'elles étudient... Privez-vous de grandes promenades afin que vous ayez plus de temps pour faire votre ouvrage et cultiver votre instruction.

Pour que votre Congrégation atteigne son but, il est nécessaire que, *toutes*, vous vous y prêtiez et fassiez des sacrifices...

» Soignez davantage votre écriture; je trouve qu'on n'y attache pas assez d'importance... »

« J'ai reçu vos devoirs. On vous les rendra plus tard. En général, toutes ont montré de la bonne volonté; je suis heureuse de n'avoir qu'à vous encourager. Encore une fois, croyez que ces devoirs vous sont profitables, je dirai même très nécessaires ; vous le comprendrez mieux à l'avenir... »

« ... Je préviens les Sœurs de ne pas manquer d'apporter leurs cahiers de devoirs de toute l'année... »

A l'époque des vacances, 1879, la Révérende Mère témoigna son regret du départ précipité des Sœurs institutrices, et prévint les Supérieures locales de son intention bien arrêtée de les garder, à l'avenir, à la Maison-Mère, pendant une quinzaine de jours au moins, pour se fortifier dans leurs études.

Elle organisa, pour les vacances de 1880, un plan des leçons à donner; elle désigna les Sœurs qui devaient les donner et les Sœurs qui les recevraient. Ces leçons commencèrent le 13 août, lendemain de la deuxième retraite, dans la première classe et dans la seconde, et se continuèrent avec toute la régularité et l'application voulues pour les rendre fructueuses.

Ainsi la Congrégation se trouva préparée, dans une mesure relativement bonne, à subir les épreuves qui se préparaient.

L'avenir s'annonçait menaçant. De 1877 à 1882 se déroulait toute une campagne contre l'école, qui devait devenir : *gratuite, obligatoire* et *laïque*.

Une fois de plus se vérifia cette parole de Bossuet : « Dieu tient en bride les projets de ses ennemis et les méchants ne peuvent pas tout le mal qu'ils veulent. »

Les catholiques de France se souvinrent du mot d'ordre des Belges : « Partout où s'élève une école athée, dresser en face une école chrétienne. » Notre sol se couvrira bientôt d'institutions libres où l'instruction et l'éducation garderont pour base la doctrine de Jésus-Christ.

**

L'année 1879 ramenait, pour la vingt-cinquième fois, l'anniversaire de la proclamation du dogme de l'Immaculée-Conception. Aussi voulut-on célébrer partout, avec une splendeur inaccoutumée, la fête du 8 décembre. L'indulgence plénière que le Souverain-Pontife daignait accorder à cette occasion portait tous les cœurs à la sainte dilection, à l'amour et à la reconnaissance envers Jésus et sa sainte Mère.

A la Communauté, une fête de famille venait ajouter encore à cette joie universelle; douze jeunes Sœurs revêtaient le saint Habit de la religion. Quel beau jour pour présenter à Jésus ses premières promesses et se consacrer à la Vierge Immaculée!

La chapelle était ornée de ses plus fraîches parures, l'orgue faisait entendre ses plus gracieuses harmonies, le chant des psaumes et des offices liturgiques, des pieux cantiques, des vivats et des *alleluia* prolongés et répétés, élevaient les âmes vers le Ciel.

Quand vint le soir, au salut solennel, une centaine de bougies rappelaient la splendide illumination de 1854.

Un triduum de bénédictions du Saint-Sacrement suivit cette fête et fit monter chaque jour vers le Ciel, de tous les cœurs chrétiens, des acclamations répétées à la louange de l'Immaculée Mère de Jésus.

*
* *

Le 21 janvier 1880, notre Révérend Père, M. Frélaut-Ducours, arrivait à la Communauté dans la pensée de prendre un peu de repos, pendant un ou deux jours seulement.

Hélas ! il ne soupçonnait pas qu'il commençait une très sérieuse maladie.

Notre bonne Mère l'apprenait à la Congrégation par une lettre datée du 27 janvier et demandait d'instantes prières.

« M. Frélaut-Ducours, notre Révérend Père, nous est arrivé souffrant mercredi, 21. Son indisposition, qu'on croyait très légère, s'est constamment aggravée ; il a une inflammation à la plèvre et aux poumons qui donne les plus sérieuses inquiétudes.

» Hâtez-vous d'unir vos prières aux nôtres pour obtenir la conservation d'un Père si dévoué aux intérêts spirituels et temporels de notre Congrégation, et toutes les grâces dont il a besoin. C'est pour nous un devoir bien doux à remplir de lui prodiguer nos soins, mais quelle dure épreuve si nous le voyions succomber !...

» Nous offrons à son intention nos communions, toutes nos prières, peines, fatigues... Agissez de même, chères Filles; et, de plus, récitez chaque jour avec nous : un *Pater* et un *Ave*, le *Souvenez-Vous*, trois fois *O Marie, conçue sans péché*..., une invocation à saint Joseph, aux saints Anges, à sainte Anne et à saint Prosper.

» C'est dans la prière surtout que nous mettons notre confiance. Méritons que Dieu nous exauce en tenant une conduite vraiment religieuse; et, quoi qu'il arrive, soyons soumises à la volonté adorable du Divin Maître... »

Il est facile de comprendre quelle fut, à cette nouvelle, la peine de toutes les Religieuses, et avec quelle ferveur elles sollicitèrent la guérison tant désirée.

A cette date, 27 janvier, impossible de se faire illusion : le mal se déclarait avec des caractères inquiétants, le danger devenait réel, même il semblait imminent. On n'eut pas de peine à préparer à la réception des Sacrements le vénéré malade qui, le matin même, avait prié M. l'Aumônier de l'avertir à la première apparence du péril.

La Communauté se réunit à la chapelle avec les enfants des classes, pendant que M. Marval, Curé de la paroisse, administrait le saint Viatique à notre Révérend Père, en présence de ses frères et de ses sœurs accourus en toute hâte, de M. l'Aumônier, de nos Mères Supérieures et de quelques Religieuses. On ne saurait dire avec quel esprit de foi, quelle piété profonde, quel calme parfait, il reçut à ce moment solennel la visite de son Dieu : c'était bien le *bon prêtre*, se disposant, le cœur rempli d'une douce espérance, à rendre compte au doux Sauveur Jésus, de ses œuvres, des âmes si nombreuses qu'il avait dirigées, des affaires diocésaines qui lui avaient été confiées.

Avant et après la cérémonie, le vénérable malade s'oubliait lui-même pour consoler sa famille désolée, et ne cessait de témoigner sa reconnaissance pour les soins assidus qu'on lui prodiguait. Durant tout le cours de sa maladie, il montra constamment la même attention pour les siens, la même gratitude pour les Religieuses, les remerciant affectueusement pour les services qu'elles étaient si heureuses de lui rendre. Son amabilité, sa gaieté même, faisaient ressortir avec quelle admirable patience et quel abandon à la Providence il acceptait son état. Jamais une plainte n'effleura ses lèvres, et, quelque grandes que fussent ses souffrances, toujours il conserva sur son visage cette belle sérénité qui témoignait la résignation de son âme.

Ce même jour, 27, Monseigneur David, arrivé de voyage le matin même, envoyait son secrétaire, M. Dubourg, rendre visite au malade. Un vicaire de la cathédrale, délégué du Curé-Archiprêtre, l'accompagnait. Le vendredi 30, M. Chatton, Vicaire général honoraire, vint, à son tour, apporter une lettre de Sa Grandeur.

Tant que dura le séjour de notre Révérend Père à la Communauté, arrivèrent de toutes parts des témoignages de l'estime, de la vénération, de l'affection que lui portaient le clergé et les personnes les plus recommandables du diocèse : télégrammes et visites se succédaient chaque jour.

Heureusement, M. l'Aumônier était là et veillait aux recommandations du docteur qui avait expressément défendu les visites. Aussi longtemps qu'il y eut à craindre, pour le malade, une fatigue, une émotion capable de retarder la convalescence, son gardien fidèle sut congédier, aussi aimablement que possible, les visiteurs qu'un zèle trop empressé eût porté à des instances importunes.

D'ailleurs, pendant toute la maladie de M. le Vicaire général, M. l'Aumônier ne cessa d'être assidu près du malade, de concert avec nos Mères Supérieures, qui se firent un devoir de se remplacer continuellement à son chevet, lui prodiguant à l'envi, le jour et la nuit, les soins les plus affectueux, les plus dévoués. Régulièrement aussi, M. l'Aumônier envoyait chaque jour deux télégrammes à Saint-Brieuc, l'un à l'évêché, l'autre au docteur.

Vers la fin de janvier, le docteur remarquait un peu d'amélioration; et, le 2 février, il constatait un mieux notable qui devait aller s'accentuant. Le 4, arrivèrent deux nouveaux délégués de Monseigneur : M. Ollivier et M. Limon. La convalescence suivait régulièrement son cours.

Notre bonne Mère Saint-André s'empressa de l'annoncer à ses chères Filles : « Le bon Dieu, écrivit-elle, exauce nos prières communes. Remercions-le de ce qu'Il procure à notre Révérend Père un mieux qui nous donne tout espoir. Au dire des médecins, la poitrine ne sera pas entièrement débarrassée avant une quinzaine, mais nos prières peuvent hâter la convalescence de notre cher malade. Continuez la neuvaine indiquée, ajoutant une invocation à Notre-Dame de Lourdes. Que notre conduite témoigne aussi de notre reconnaissance.

» Notre bon Père a été très sensible à votre sympathie pour ses souffrances et à la part bien vive que vous avez prise à sa position; je suis vraiment confuse des remerciements qu'il ne cesse de nous adresser.

» Nous sommes aussi édifiées et encouragées dans les soins à donner à notre vénéré Supérieur, par les témoignages de respectueux attachement que nous recevons, pour lui, de tous côtés, et spécialement des Communautés qu'il dirige. Que de saintes âmes ont joint leurs prières et leurs bonnes œuvres aux nôtres !... »

Le 22 février, M. le Vicaire général eut la consolation de célébrer la sainte Messe devant la Communauté assemblée. Hélas ! il ne pensait pas, en ce moment, qu'il devait subir une nouvelle épreuve. Le 23, il faisait une rechute. M. Legault, médecin de la localité, appelé en toute hâte, ordonna l'application d'un vésicatoire et déclara le côté gauche pris comme l'avait été précédemment le côté droit. Le 24, le docteur Frogé constatait un état un peu moins grave que le précédent, mais il obligeait le malade aux mêmes remèdes et aux mêmes précautions.

Au cours de sa première maladie, le pieux malade s'était recommandé à la protection des saints, notamment à celle de la Sainte Vierge, de saint Joseph et du martyr saint Prosper. Cette fois encore, il compta sur le Ciel pour obtenir sa guérison, et se voua d'une manière toute spéciale à Notre-Dame de Lourdes. Il but de l'eau de la fontaine miraculeuse avec de vifs sentiments de dévotion et après avoir fait, comme jadis le Père de Ravignan, l'un de ces grands signes de croix qui remuent l'âme profondément. Ensuite, il fit réciter, en l'honneur de Marie Immaculée, de pieuses invocations auxquelles il répondit avec une foi vive. Pendant neuf jours, il continua ces mêmes pratiques pieuses devant une image de la Vierge Immaculée, qu'il avait fait attacher au rideau de son lit.

Le mieux, cette fois, ne tarda pas à se déclarer ; à la fête

Saint-Joseph, le cher malade avait retrouvé des forces suffisantes pour offrir le Saint-Sacrifice de la Messe; il continua les jours suivants, malgré la longueur de l'Evangile de la Passion.

Le 21 et le 23, il donna le salut du Saint-Sacrement sans paraître trop fatigué, et nous eûmes la consolation de le voir assister, dans notre chapelle, avec sa piété accoutumée, aux nombreuses et touchantes cérémonies de la Semaine Sainte.

Au jour de Pâques, il chanta, de sa voix sonore et puissante, la grand'messe solennelle, ce qui ne manqua pas d'augmenter, pour les Filles de Sainte-Marie, la douce allégresse qu'apporte toujours la résurrection du Sauveur. Le convalescent de la veille offrait cette messe pour la Congrégation.

En cette grande fête, notre Révérend Père voulut bien honorer de sa présence notre repas du midi. Accompagné de M. Mignonneau, il vint présider au réfectoire; près de lui, à la première table, prirent place nos Mères Supérieures. Le repas fut saintement gai; c'était bien la joie du Seigneur, selon l'esprit de la Sainte Eglise, en ce jour où tout parle de résurrection. A nos actions de grâces ordinaires s'en joignaient de bien vives pour les faveurs, temporelles mais néanmoins très précieuses, reçues récemment, alors que le bon Dieu rendait la santé à notre dévoué Père; aussi pouvions-nous, à bon droit, nous réjouir doublement. M. Frélaut-Ducours et M. Mignonneau firent également avec nous la récréation, qui se prolongea jusqu'à trois heures.

Pour clôturer cette fête du Ciel, notre Révérend Père donna le Salut. Notre petite chapelle était ornée de ses plus riches décorations, que l'éclat des lumières faisait resplendir, tout en donnant un nouveau et magnifique reflet aux ornements sacerdotaux. Les chants sacrés redisaient majestueusement l'allégresse de toutes les âmes : l'*Alleluia* de l'aube du jour devait se prolonger jusqu'au crépuscule du soir.

Le lendemain, c'était la veille du départ.

Pendant les dix semaines qu'il venait de passer à notre Maison-Mère, M. le Vicaire général avait constaté, chaque jour, le respect filial, l'affection respectueuse et dévouée que lui portait la Congrégation tout entière, ce qui semblait l'attacher davantage à notre famille religieuse.

Dans la soirée, il passa dans toutes les salles de récréation et témoigna sa gratitude et son dévouement envers la Communauté. Il nous offrit les mérites de sa Messe du lendemain, en échange de la sainte Communion que nous devions présenter, à ses intentions, à Jésus et à Marie, puis il nous donna sa paternelle bénédiction.

En ce lendemain, il redisait encore son cordial merci. Bien plus, il voulut en laisser un touchant témoignage, écrit de sa main, au registre de la Communauté, d'où nous extrayons ce qui suit :

« Je ne veux pas quitter la Communauté des Filles de Sainte-Marie de Broons sans consigner ici l'expression de ma profonde reconnaissance.

» Cédant au désir de prendre un peu de repos, j'arrive à la Maison-Mère le 21 janvier, avec l'intention d'y passer deux jours, et j'en pars le 30 mars !

» A peine arrivé, je fus atteint d'une fluxion de poitrine très grave, et, après dix à douze jours d'une convalescence imparfaite, une nouvelle fluxion de poitrine envahit le poumon gauche, précédemment resté intact.

» Des prières ferventes furent faites à la Maison-Mère, et, sur la demande de la Révérende Supérieure générale, dans tous les établissements de la Congrégation des Filles de Sainte-Marie, et même dans les écoles qu'elles dirigent. En même temps, les soins les plus dévoués et les plus intelligents entouraient le malade à chaque heure du jour et de la nuit.

» A ces prières et à ces soins, plus encore qu'aux remèdes des médecins, pourtant habiles, est due ma guérison, j'en suis persuadé.

» Cette charité, aussi prévenante que délicate, ne m'a point étonné de la part de mes chères Filles de Sainte-Marie, dont le dévouement m'est depuis longtemps connu. Du moins, elle m'a vivement touché et me laissera le plus doux souvenir.

» Je remercie du fond du cœur la Très Révérende Mère Saint-André, son Assistante générale, Sœur Sainte-Euphrasie, les Conseillères, Marie de la Présentation et Saint-Anselme, l'Econome, Saint-Eusèbe, qui s'est imposé pour moi tant de fatigues et toujours avec un joyeux empressement. Je remercie toutes les Religieuses de la Maison-Mère, et, en général, toutes celles de la Congrégation. Je prie la Supérieure générale de se faire l'interprète de mes sentiments, dans sa première lettre commune, près des Sœurs des fondations, en attendant que je puisse les leur exprimer moi-même, quand elles seront assemblées pour la prochaine retraite.

» Ma reconnaissance n'oublie pas le cher Aumônier, M. l'abbé Mignonneau, dont les paroles et les exemples ont été pour moi un puissant soutien, et qui n'a cessé de me témoigner l'affection d'un frère. Je lui sais gré surtout de m'avoir averti, dès le début de la maladie, de sa gravité, et engagé à recevoir le Saint Viatique.

» Que la Providence soit bénie de m'avoir conduit, pour ces jours de souffrance, dans une Communauté où tout ce qu'on voit et entend élève l'âme et la rend plus forte dans l'épreuve ! Que Notre-Seigneur continue d'étendre sa protection sur la Congrégation et sur chacune des Religieuses qui la composent, Professes et Novices ! Qu'Il daigne développer de plus en plus parmi elles cette union dont elles aiment à chanter les douceurs ! Qu'il conserve, durant de longues années, à l'amour de ses Filles, la très honorée Supérieure générale, Mère Saint-André, dont la sage administration a tant contribué à la prospérité de la Congrégation !

» Broons, mardi de Pâques, 30 mars 1880.

» FRÉLAUT-DUCOURS,
Vicaire général. »

C'est donc au soir du 30 mars que ce Vénéré Père retournait à Saint-Brieuc reprendre ses graves et importantes fonctions de Vicaire général. Sans être devenue très robuste, sa santé, grâce à Dieu, ne donnait plus d'inquiétude. Aussi, toutes les Religieuses remerciaient avec ardeur la divine Providence qui daignait conserver cette vie si précieuse au diocèse et à notre Congrégation.

Quinze jours après, M. le Vicaire général était tout heureux de venir nous voir dans un état de santé satisfaisant; il offrit à la Communauté, comme gage de profonde reconnaissance, un magnifique calice en vermeil, admirablement ciselé et d'un goût exquis. Le lendemain, ce vase sacré servit pour la première fois à la célébration des saints Mystères.

*
* *

Notre Congrégation obtint en cette année, pour les mois de mai et de juin, de grands privilèges religieux. Vu les événements importants et décisifs de cette malheureuse époque, il fut accordé, chaque semaine, une communion supplémentaire fixée ordinairement au samedi, avec l'exposition du Saint-Sacrement le vendredi.

Pour les mêmes graves motifs, la fête du Sacré-Cœur de Jésus revêtit une solennité extraordinaire.

Sa Grandeur, Monseigneur David, avait choisi ce jour pour consacrer, d'une manière spéciale, le diocèse de Saint-Brieuc au Divin Cœur de Jésus; lui-même prononça, dans son église cathédrale, la formule de Consécration qu'il avait prescrit de réciter publiquement, en présence du Saint-Sacrement exposé sur l'autel, dans toutes les églises et chapelles de son diocèse.

En conséquence, dans notre chapelle ornée et illuminée comme aux jours des principales fêtes, avec grande piété et ferveur, M. l'Aumônier prononça la formule indiquée, consacrant la Congrégation tout entière des Filles de Sainte-Marie, sur laquelle il appelait les bénédictions les plus intimes du Cœur de notre Divin Maître.

Ce jour de grâces pour tous les fidèles nous offrait des faveurs spéciales : dès le matin, l'Hôte divin du tabernacle était devenu, par la sainte Communion, l'Hôte de nos cœurs; tout le jour, près du trône élevé dans le sanctuaire à la gloire du Sacré-Cœur, nous pouvions adorer Notre-Seigneur exposé sur le saint autel, car les offices qui se succédaient avec grand'messe et vêpres, comme le dimanche, nous ramenaient souvent aux pieds du Divin Roi.

*
* *

Le cimetière de la Communauté devenait insuffisant ; il fallut l'agrandir d'un tiers.

Cette nouvelle partie reçut les bénédictions de l'Eglise en la fête de tous les Saints.

Après les vêpres de cette fête, la bénédiction du Saint-Sacrement et les vêpres des défunts, la procession se dirigea vers le cimetière. Là brûlaient trois cierges bénits, déposés sur une petite tringle placée devant une croix de bois blanc, haute d'un mètre à peu près.

L'atmosphère, devenue sombre et pluvieuse, s'harmonisait avec le deuil des vivants et la souffrance des morts.

Arrivé au cimetière, M. l'Aumônier commença les prières liturgiques : un *Oremus*, l'*Asperges* deux fois répété, les *Litanies des Saints*, le *Miserere*... Pendant ce temps, il avait aspergé, avec de l'eau bénite, les quatre extrémités du nouvel enclos et placé les trois cierges allumés sur la petite croix de bois. Vint ensuite le chant du *Libera*, et chacun revint en silence continuer ses supplications en faveur des âmes souffrantes du Purgatoire.

*
* *

La fête du 21 novembre, toujours solennelle chez les Filles de Sainte-Marie, offrait néanmoins, en 1880, un cachet de particulière splendeur.

Depuis trois semaines, la Communauté se rendait, pour les exercices pieux, au réfectoire et à la chapelle Sainte-Claire ; là reposait le Saint-Sacrement, et la Messe se disait chaque matin.

Grande fut la joie des Religieuses lorsque, pour la fête patronale, elles se réunirent à la grande chapelle et la trouvèrent toute rajeunie et transformée. Les statues aimées, dans leur simplicité, de saint Vincent de Paul et de sainte Thérèse, avaient fait place à d'autres d'un travail plus soigné et polychromées. La blanche statue de notre bonne Mère, Marie, était devenue une belle Vierge avec robe nacarat et manteau azur, l'un et l'autre parsemés d'or. Saint Louis de Gonzague et sainte Philomène avaient aussi revêtu de riches ornements; le tout s'alliait avec le sanctuaire peint en gris et parsemé d'étoiles dorées, et avec les niches bleu ciel et leurs cintres sculptés et dorés.

A six heures se dit la première Messe, et les Sœurs reçurent la sainte Communion. A dix heures, le vénéré Père Supérieur chantait la grand'messe et prononçait une de ces allocutions qui révélaient sa haute science de la vie religieuse et son vif désir de nous voir toutes des Religieuses agréables à Dieu.

« Vos Supérieures ont choisi la Présentation de Marie au temple pour fête patronale de votre Congrégation. De toutes les fêtes de la Vierge, en effet, celle que l'Eglise célèbre en ce jour offre, plus que toute autre, un modèle à votre imitation...

» On peut définir la Religieuse : *une personne qui vit dans la solitude* et *qui se consacre à Dieu.*

» *Qui vit dans la solitude.* — La solitude est nécessaire pour aller à Dieu. Quand ce bon Maître a jeté des vues spéciales sur une créature, il a commencé par la retirer du monde : les prophètes dans l'ancienne loi ! Jésus, notre modèle, dans le désert ; et tant de saints dans la nouvelle loi... Vous aussi, vous avez été appelées dans cette Communauté... Mais cette séparation matérielle ne suffit pas : il faut abandonner les idées, les maximes du monde, en tout contraires à celles qui doivent vous animer. Et quelles sont-elles? Au premier rang, l'ambition des richesses et des honneurs. La Religieuse abandonne tout; il ne lui faut qu'une chose : la *possession* de *son Dieu*. Elle s'applique à se rendre petite à ses propres yeux et à ceux des autres. L'esprit du monde est curieux, égoïste... La Religieuse laisse de côté les nouvelles et tout ce qui ne peut l'aider à atteindre son but unique; elle s'oublie entièrement elle-même afin de travailler sans cesse à la gloire de Dieu, au salut du prochain.

» Cette séparation si utile ne constitue cependant pas la vie religieuse, puisque l'obéissance peut vous envoyer au milieu du monde sans que, pour cela, vous cessiez d'être Religieuse. Cette séparation n'est que la préparation à l'acte essentiel : *votre consécration à Dieu*.

» Par ses trois vœux, la Religieuse s'est donnée toute à Dieu; et, de même que les calices, après avoir été consacrés par l'Evêque, ne peuvent plus servir à des usages profanes, de même la Religieuse ne peut employer que pour Dieu : ses sens, ses facultés, tout ce qui lui appartient...

» Elle n'est pas seulement Religieuse au pied de l'autel et pendant ses exercices de piété; mais elle est et se montre Religieuse partout et toujours; dans ses paroles, dans ses actes, dans ses démarches, avec les gens du dehors, avec ses Sœurs...

» Si quelquefois se présentent des moments difficiles, des croix un peu lourdes, recourez à la Passion de Notre-Seigneur; trempez vos peines dans le sang de ce bon Sauveur, et vous les trouverez légères... »

Une bénédiction du Saint-Sacrement termina cette pieuse journée.

Le lendemain, avant la messe de six heures, notre Révérend Père bénit les nouvelles statues de saint Vincent et de sainte Thérèse.

Cette fête laissait un précieux souvenir dans le cœur de toutes les Religieuses à qui l'obéissance avait permis d'en vivre tous les instants sous le toit béni de notre chère Maison-Mère.

QUATRIÈME PARTIE

Supériorat général

Troisième période : 1880-1886

I

M. l'Abbé Jéhan, Curé de Broons. — Règle revisée et imprimée. — Classes de la Maison-Mère : gratuites, libres, et tenant lieu d'école communale. — Décès de M. Lemée et de Monseigneur David. — Dernier voyage de Révérende Mère : dans l'Ile-de-France, en Berry. — Nouvelle cloche bénite par M. Frélaut-Ducours. — Elections. — Première visite de Monseigneur Bouché. — Construction de locaux scolaires. — Noces d'Or de Mère Sainte-Gertrude. — Deux Sœurs soignent les cholériques. — Bénédiction des nouvelles classes. — Décès de Révérende Mère Saint-Louis, Fondatrice. — Œuvre de l'Apostolat de la Prière. — 1881-1886.

DANS notre chapelle, les statues de saint Vincent de Paul et de sainte Thérèse ont toujours occupé une place d'honneur, rappelant aux Religieuses le double amour qui doit dominer dans leur cœur et diriger toutes leurs actions : l'amour du bon Dieu et l'amour du prochain.

Les premières, comme œuvres artistiques, laissaient beaucoup à désirer ; le budget plus que modeste de la Communauté limitait alors les dépenses au strict nécessaire. Elles furent remplacées, ainsi que nous l'avons dit précédemment.

En cette année 1881, le 24 février, elles furent placées au jardin, sur un socle de maçonnerie, non loin du Calvaire, l'une à droite et l'autre à gauche. C'est là désormais que, dans leurs promenades pieuses, les Sœurs aimeront à les saluer, à les invoquer, en revivant de nombreux et lointains souvenirs.

Quelques semaines plus tard, 21 mars, chacune des tombes de notre cimetière reçut l'une de ces petites croix de bois, toutes simples et sans ornementation, que l'on y voit encore aujourd'hui. De couleur blanche, elles s'implantent dans une pierre de granit et portent une inscription en lettres noires : c'est le nom de la Sœur qui repose en ce lieu.

*
* *

M. l'Abbé Marval ayant été nommé à la cure de Moncontour, M. l'Abbé Jéhan, Recteur de Sévignac, devint Curé de Broons. Le 28 avril, il arrivait à la Communauté, conduit par M. Frélaut-Ducours, Vicaire général.

Cette nomination causait une grande joie aux Broonais et à toutes les Sœurs. Celles-ci connaissaient le mérite et le zèle pieux de M. Jéhan, qui avait toujours témoigné un véritable dévouement à notre Congrégation et à ses œuvres, et qui devait réaliser un grand bien dans sa nouvelle paroisse. Son installation eut lieu le dimanche 8 mai.

*
* *

La Règle de la Congrégation n'existait encore qu'à l'état de manuscrit ou de polycopie. Depuis longtemps, la Révérende Mère songeait à la faire imprimer; mais auparavant, elle souhaitait présenter à l'approbation épiscopale quelques changements jugés utiles.

Dès le mois de juin 1876, M. Frélaut-Ducours avait étudié, avec la Supérieure générale, les corrections et additions proposées; il les approuva, en ce qui le concernait, recommandant de les rédiger afin de les soumettre à Sa Grandeur.

M. Mignonneau reçut quelques chapitres à reviser, et spécialement celui qui traite de l'éducation et de l'instruction de la jeunesse. Il y apporta des modifications qui témoignent de son expérience consommée dans l'œuvre de l'éducation chrétienne. Puis il soumit son travail à M. le Vicaire général, qui l'examina soigneusement et voulut bien y joindre ses observations.

Le tout ayant été accepté par la Révérende Mère et les Sœurs du Conseil, on se mit en devoir de transcrire la Règle ainsi préparée.

En juillet 1881, Monseigneur l'Evêque vit ce Règlement, en approuva les modifications et demanda quelques changements pour l'élection de l'Assistante. Sa Grandeur insistait pour que la Supérieure générale choisît elle-même son Assistante. Sa Grandeur fit nommer quatre Conseillères.

Au cours des retraites d'août 1881, notre Révérend Père fit lire les articles de la Règle qui avaient subi des modifications, expliqua les motifs qui les avaient déterminées et prévint les Sœurs qu'ils avaient tous l'approbation de Monseigneur l'Evêque. En même temps, M. le Vicaire général donnait aux Sœurs toute latitude pour présenter leurs observations; et, d'après son avis, deux exemplaires de la Règle furent mis à la disposition des Religieuses.

Aucune réclamation n'eut lieu ni pendant la première retraite ni pendant la seconde.

Un peu plus tard, on s'occupa de l'impression de ce manuscrit.

*
* *

En présence de la loi du 16 juin 1881, qui admettait sans rétribution tous les enfants dans les écoles publiques, les Sœurs de Sainte-Marie ne pouvaient plus continuer leur mission, à titre d'institutrices libres, en gardant les conditions du passé. La Révérende Mère proposa donc au Conseil municipal de Broons, par l'entremise du Maire, M. Legault, *que l'école instituée à la Maison-Mère continuât de tenir lieu d'école communale*; et, en retour, elle offrait de donner gratuitement l'instruction primaire à toutes les petites filles d'âge scolaire, c'est-à-dire de six à treize ans.

M. le Maire promit de consulter son Conseil; il prit d'abord l'avis du Préfet, en lui communiquant la lettre de la Révérende Mère.

Un mois plus tard, le Conseil municipal agréait les Religieuses en qualité d'institutrices, à la condition qu'elles se soumissent aux lois et règlements concernant l'instruction.

Et six mois plus tard, le Ministre de l'Instruction publique écrivit au Préfet de Saint-Brieuc qu'il donnait *provisoirement*, à la commune de Broons, l'autorisation demandée.

A la distribution des prix, 31 juillet, M. Mignonneau annonçait que l'école des filles de Sainte-Marie serait libre et gratuite.

« Les Religieuses de Broons, dit-il en terminant, sont avant tout soucieuses de réaliser, auprès de vos enfants, la pensée de leur fondateur, d'impérissable mémoire, M. l'Abbé Fleury, et l'idée première de leur pieuse association. Elles tiennent à procurer à vos jeunes filles l'enseignement et l'éducation qui répondent à vos sentiments les plus chers. Et si, pour atteindre ce but, il leur faut abandonner les droits les plus justes, se soumettre à des sacrifices pour ainsi dire téméraires, confiantes en Dieu qui voit leurs droites intentions et soutiendra leur courage, elles n'hésiteront pas à prendre les déterminations les plus généreuses ».

A ces classes s'adjoindra même un cours supérieur, afin de permettre aux jeunes filles qui le désirent de poursuivre leurs études au delà du programme ordinaire, et de compléter leurs connaissances dans toute la mesure voulue.

*
* *

La Communauté n'oubliait pas son ancien Aumônier, le bon et sympathique M. Lemée.

Le 23 mars 1882, elle eut la douleur d'apprendre que ce généreux bienfaiteur n'était plus de ce monde.

Immédiatement, la Révérende Mère fit prier aux intentions du regretté défunt, et, par une lettre-circulaire envoyée à toutes les fondations, elle demandait que l'on s'empressât d'offrir les prières et les communions prescrites pour les bienfaiteurs notables. De plus, la Maison-Mère fit célébrer une neuvaine de messes, et, pendant un an, on nomma le vénéré défunt au *De profundis* qui termine les prières du matin et du soir.

Un autre deuil suivit de près. Succombant aux fatigues de sa lourde charge et aux douleurs de la maladie, Monseigneur David avait rendu sa belle âme à Dieu le vendredi 28 juillet.

C'était au soir de l'une de nos retraites religieuses. Au salut du Saint-Sacrement, M. l'Aumônier annonça la triste nouvelle et pria pour l'auguste Pontife que le diocèse pleurait [1].

Le lendemain, la cloche du couvent tintait le glas funèbre, qui fut répété aux *Angelus* du dimanche et du mardi, jour des obsèques. Trente Sœurs de Sainte-Marie assistèrent à cette funèbre cérémonie; des places leur avaient été réservées à la Cathédrale par les soins de M. Frélaut-Ducours, nommé Vicaire capitulaire pendant la vacance du siège épiscopal.

Cette vacance ne dura pas longtemps; le 30 novembre, des Sœurs se rendaient à Saint-Brieuc et assistaient au sacre de Monseigneur Bouché.

**

Aussitôt après nos retraites de Bretagne, la Révérende Mère voulut se diriger vers l'Ile-de-France et le Berry. Elle fixa son départ au 30 août, et partit emmenant avec elle les Sœurs destinées pour Neuilly et pour l'Oise. A la fin de la récréation du soir, la Communauté reçut la bénédiction de la Révérende Mère, qui dit aux Sœurs :

---

(1) Monseigneur David, né à Lyon le 28 mars 1812, Missionnaire-Prédicateur de la Maison des Chartreux, Vicaire général de l'Evêque de Valence, nommé Evêque de Saint-Brieuc le 14 janvier 1862, et sacré à Valence le 2 juillet de la même année; Comte romain, Assistant au trône pontifical....

Après un long et brillant épiscopat, Monseigneur David mourut à Saint-Brieuc le 28 juillet 1882.

S. G. Mgr A. DAVID,
Evêque de Saint-Brieuc et Tréguier
(1862-1882).

« *Puisque le bon Dieu veut que je fasse ce voyage, dont cependant je me dispenserais si bien, je le veux aussi. Priez pour moi ; cherchons le bon Dieu toujours..., en toutes choses... Rien, rien que Lui...* »

Le 22 septembre, Mère Saint-Anselme allait rejoindre la Révérende Mère et la seconder dans la visite des fondations.

Après avoir présidé deux retraites qui se donnèrent, l'une au Petit-Séminaire de Saint-Lucien, l'autre à notre Maison de Saint-Maur, et vu toutes ses chères Filles, la bonne Mère revint à la Communauté, un peu fatiguée, mais heureuse du bien réalisé par sa présence en ces pays lointains.

**

Un jour, 17 février 1883, la petite cloche de la chapelle se fendit tout à coup et cessa de sonner.

Cette cloche, qui pesait seulement quarante-neuf kilos, avait été achetée pour la Communauté par M. l'Abbé Fleury, notre Révérend Père Fondateur.

D'un côté, elle portait une croix, et, de l'autre côté, une statue de la Vierge ayant entre ses bras l'Enfant-Jésus. Sur le contour se lisaient ces mots :

« *J'ai été fondue pour la commune de Broons par Viel l'an 1834. Ozenne et Viel Tetrel, fondeurs à Villedieu, Manche.* »

Sans retard, une nouvelle cloche, du même poids que la précédente fut commandée à ce même atelier.

Elle parvint à la Communauté le 14 avril. Immédiatement, on la déposait à la chapelle, tout près de la balustrade, et l'on se hâtait de l'orner, de l'entourer de fleurs et de flambeaux : M. Frélaut-Ducours, qui se trouvait à la Maison, devait la bénir.

En effet, vers une heure et demie, les Sœurs se réunirent à la chapelle. Notre Révérend Père commença le chant de *l'Ave, maris stella*, récita les prières liturgiques et aspergea la cloche avec l'eau bénite.

A trois heures arrivaient les ouvriers pour la mettre en place. Le clocher se trouva trop petit pour la recevoir; mais on eut vite fait d'enlever un peu de bois au mouton de la cloche et de pratiquer quelques entailles dans la boiserie du clocher. Dès cinq heures, la cloche était en branle, à la grande satisfaction des Religieuses, et aussi des personnes de la ville qui se trouvaient heureuses de se guider sur ses appels réguliers.

L'inscription de la nouvelle cloche est ainsi conçue :

« *J'ai été fondue en 1883 pour la Maison-Mère des Filles de Sainte-Marie de Broons; je m'appelle Marie, Andrée, Ange, Hippolyte.* »

Sur la cloche, on voit la Croix, la statue de la Sainte Vierge et celle de saint Joseph.

L'indifférence religieuse et les hostilités allaient s'accentuant; dans plusieurs villes, le Dieu de l'Eucharistie dut rester prisonnier dans son tabernacle; il lui fut interdit de paraître dans les rues pour bénir ses enfants.

Dans un esprit de réparation, les Filles de Sainte-Marie résolurent de rendre plus solennelle la procession du Très Saint-Sacrement à travers l'enclos de leur Communauté. Non seulement elles excitèrent dans leurs âmes une plus grande ferveur; elles préparèrent aussi, à l'extérieur, une splendide manifestation, avec tentures, décorations diverses, tapis de verdure et de fleurs... Quatre arcs de triomphe portaient des inscriptions à la louange du Christ Souverain: *Christus vincit, Christus regnat, Christus imperat !!!* C'était le 24 mai 1883.

*
* *

L'époque des élections générales arrivait. M. l'Abbé Perrichon les présida le 7 août.

Elue de nouveau, la Révérende Mère Saint-André choisit pour Assistante générale la Révérende Mère Sainte-Euphrasie, qui déjà occupait cette charge depuis cinq ans.

Dès le lendemain, une lettre que signèrent la Supérieure générale, l'Assistante et les Conseillères élues, informait Monseigneur du résultat des élections et sollicitait sa bénédiction pour le Conseil administratif de la Congrégation de Sainte-Marie.

Bientôt, le nouvel Evêque voulut bien nous apporter lui-même ses bénédictions.

Le 29 août, Sa Grandeur honorait notre Maison-Mère de sa visite et présidait une cérémonie de vêture et de profession.

La Communauté reçut Monseigneur à la salle Sainte-Cécile, où lui furent adressés des souhaits de bienvenue.

Sa Grandeur donna l'habit de la Congrégation à huit postulantes et reçut les vœux de onze novices. Dans l'après-midi, Monseigneur se rendit au Noviciat. Les salles du Noviciat, comme la salle de réception, avaient été décorées avec le soin que mérite la première visite du premier Pasteur du diocèse. Une novice offrit les remerciements des privilégiées de ce jour et de la Congrégation entière. Suivirent un chant breton et quelques mots de gratitude en cette même langue, ce qui parut plaire à Sa Grandeur.

Monseigneur voulut bien se dire heureux de sa visite à la Communauté.

*
* *

Il devenait urgent de construire des classes à la Maison-Mère; les locaux utilisés jusqu'ici n'avaient plus les dimensions réglementaires, étant donné le grand nombre d'élèves qui se présentaient. De plus, un agrandissement s'imposait afin de recevoir les Sœurs à l'époque des retraites.

En septembre 1883, la Révérende Mère et ses aides choisirent l'emplacement de la nouvelle maison et convinrent de transporter la basse-cour sur le terrain dit : *la Pépinière*.

Consulté sur ce projet d'agrandissement, Monseigneur y donna tous ses encouragements.

Dans sa lettre-circulaire de janvier 1884, la Révérende Mère informait les Sœurs qu'un nouveau bâtiment allait se construire dans la Maison-Mère. Afin d'obtenir la bénédiction du bon Dieu sur les projets et sur les travaux, et la préservation de tout accident, elle leur demandait de réciter chaque jour : *un Pater et un Ave*, l'invocation *O Marie, conçue sans péché*, et une autre à *saint Joseph*.

Le 4 mars, l'entrepreneur traçait les fondations. Le 17, la Révérende Mère voulut placer une petite statue de saint Joseph en face des ouvriers, tout près de la construction (dans le tilleul du milieu de la cour). Nous avions un besoin spécial de sa protection. Pendant la démolition des anciens bâtiments, on avait craint des accidents graves : les terres des fondations s'étaient effondrées en plusieurs endroits et donnaient double travail, surtout quand il pleuvait. On demandait donc, par l'intercession de saint Joseph : 1° un temps favorable; il nous fut accordé, à partir du moment où l'on commença le béton pour les fondations; 2° la préservation de tout accident; 3° les ressources nécessaires pour faire face aux dépenses.

Dès le 20 mars, la Révérende Mère, la Mère Assistante et M. l'Aumônier frappaient sur la première pierre. Au lieu de distribuer de l'argent, et pour éviter de folles dépenses, la Mère Supérieure fit servir une tasse de café à tous les ouvriers, maçons, terrassiers...

Comme il s'agissait d'une maison destinée à donner l'instruction aux enfants de la paroisse, la Révérende Mère désirait une bénédiction solennelle pour la pierre principale. On choisit le 16 avril, mercredi après Pâques, jour désigné déjà pour une cérémonie de profession et de vêture, que présidait M. Perrichon, Vicaire général.

Tous les prêtres venus pour cette cérémonie assistèrent à la bénédiction. Le Clergé, en habit de chœur, puis la Communauté sortirent processionnellement de la chapelle au chant de l'*Ave, maris Stella*. Pendant que M. le Vicaire général contournait le chantier en l'aspergeant d'eau bénite, le Clergé et les Religieuses psalmodiaient le *Miserere*. Vint ensuite le chant du *Magnificat*, et la procession regagna la chapelle où se donna le Salut du Saint-Sacrement.

Dans la pierre principale, la Révérende Mère avait déposé la médaille de la Congrégation, celle de saint Joseph, du bon Ange et de Léon XIII, avec une inscription ou procès-verbal, sur papier, renfermé dans une fiole de verre.

La Révérende Mère Saint-André et la Révérende Mère Saint-Louis frappèrent sur la pierre en même temps que le

Clergé. La Communauté vint à son tour; c'était vers six heures et demie du soir; et chaque Sœur déposa son obole. Les ouvriers recueillirent ainsi un honnête pourboire.

Quand il fallut placer la charpente, la Révérende Mère fit offrir le Saint-Sacrifice de la Messe (2 septembre), pour attirer les bénédictions du Ciel sur les travaux. L'entrepreneur et les ouvriers y assistèrent tous.

Depuis le commencement de cette construction des prières ferventes montaient vers le Ciel; les Sœurs offrirent aussi de nombreuses communions afin d'obtenir la préservation de tout accident.

Parmi les grâces obtenues par les ouvriers, citons celle-ci : M. Verde, beau-frère de l'entrepreneur, travaillait à la corniche; il fit un faux pas, et n'échappa à une chute mortelle que par une Providence spéciale : son habit s'accrocha à un pilier et le retint juste le temps nécessaire pour qu'il pût se remettre sur pied.

*
* *

Les visites pastorales amenaient Monseigneur dans le canton. Sa Grandeur voulut bien prendre l'hospitalité à notre Maison-Mère, et y séjourner du dimanche au jeudi, 10-14 juin.

Le lundi, Monseigneur annonçait à la Révérende Mère qu'il donnerait le Salut du Saint-Sacrement, et, auparavant, la bénédiction papale que le Souverain Pontife lui avait accordée pour les maisons religieuses de son diocèse.

Dans l'après-midi, Sa Grandeur visita toute la Communauté et la construction commencée depuis quelques mois.

*
* *

Nous consignerons ici un grave danger dont le bon Dieu préserva plusieurs de nos Sœurs, le dévouement d'un gendarme et la reconnaissance de Révérende Mère Saint-André.

Le samedi 14 juillet, huit Sœurs partaient pour Langouhèdre, où se tenait la conférence pédagogique. C'était à onze heures du matin, au moment de la sortie des élèves. Les Sœurs prenaient place dans un omnibus de louage, à l'entrée principale de la Communauté.

Au moment où le voiturier fermait la portière, les chevaux s'emballèrent et descendirent, d'une allure vertigineuse, la côte dite de *Montplaisir*. En vain le conducteur se précipitait pour les arrêter : un accident grave était imminent.

Le gendarme Pont vit le danger; il accourut, et, sans calculer avec le péril, il s'élança vers les chevaux qu'il parvint à maîtriser; conducteur et voyageuses étaient sauvés.

Outre les voyageuses renfermées dans la voiture, plusieurs personnes furent témoins de cet acte de dévouement et de sang-froid; elles n'avaient pas assez d'éloges pour une telle bravoure.

La Révérende Mère voulut informer de ce fait M. le Maréchal des logis et le pria de transmettre au gendarme Pont l'expression de la reconnaissance des Religieuses qu'il avait si courageusement sauvées, et sa reconnaissance à elle-même comme Supérieure générale.

Le lendemain, 15 juillet, elle envoyait deux des voyageuses remercier M. Pont et aussi Mme Pont qui avait averti son mari du danger couru par les Sœurs.

Deux ans plus tard, mai 1886, ce gendarme fut atteint d'une maladie mortelle. En reconnaissance de son dévouement pour nos Sœurs, la Révérende Mère fit donner au malade des soins tout particuliers; après sa mort, des Sœurs se succédèrent constamment près de sa chapelle mortuaire, jusqu'à l'heure de l'inhumation.

Que le bon Dieu récompense tous nos généreux bienfaiteurs!

Une touchante cérémonie, rare jusqu'à cette époque dans notre Congrégation, réunissait, le 5 août 1884, toutes les Religieuses dans notre chapelle ornée de sa plus riche parure.

A l'autel présidait M. Mignonneau, notre digne Aumônier, assisté du Révérend Père Montjarret, prédicateur de la retraite religieuse qui prenait fin. Tout près du sanctuaire, des fauteuils étaient occupés par trois Religieuses d'aspect vénérable : au milieu, la douce et modeste Mère Sainte-Gertrude, confuse de tant d'honneur; à sa droite, Mère Saint-Louis, notre vénérée Fondatrice, qui reçut ses premiers vœux; à sa gauche, Mère Saint-Ephrem, saintement fière d'être deux fois sa sœur. Notre Révérende Mère Saint-André, qui cédait volontiers sa place à Mère Saint-Louis, se trouvait là, cependant, pour couronner sa bonne et chère fille Gertrude.

Le ciel et la terre semblaient attentifs.

Cinquante années auparavant, Mère Sainte-Gertrude se consacrait au Seigneur. Aujourd'hui, en face des saints autels, elle venait redire les engagements de sa première alliance et sa volonté inébranlable de les garder jusqu'au dernier soupir.

Sa voix tremblante indiquait l'émotion de son âme et la joie qui l'inondait au souvenir des grâces reçues pendant un demi-siècle de vie religieuse! *Quid retribuam Domino ?*

Le Père Montjarret prit la parole. Dans une allocution saisissante, il esquissa la vie édifiante de l'héroïne du jour et montra que la douce Religieuse avait pratiqué les vertus de sainte Gertrude, son illustre Patronne.

Mais le Tabernacle s'ouvrit : Jésus venait bénir sa fidèle Epouse, comme au jour déjà lointain de sa première consécration, et bénir aussi la Communauté qui entourait, émue et recueillie, l'heureuse Jubilaire !

*
* *

Au cours de la seconde retraite, le mardi 12 août, fête de sainte Claire et en la chapelle qui porte son nom, les Sœurs converses reçurent le voile des mains de la Révérende Mère Saint-André. Ces voiles avaient été bénits auparavant par M. Mignonneau, Aumônier, selon les indications données par Monseigneur.

Nos chères Sœurs mirent, pour la première fois, leurs voiles à la cérémonie de clôture de la retraite ; jusqu'à ce jour, elles avaient gardé la mante pour la communion et autres solennités.

Avant de faire cette distribution, la Révérende Mère Saint-André dit à nos chères Sœurs : qu'elle avait toujours désiré leur voir porter un voile ; que des obstacles l'en avaient empêchée jusqu'alors ; que les Sœurs du Conseil, avec elle, étaient heureuses de le leur donner ; mais elle profitait de la circonstance pour leur renouveler sa recommandation : *d'être toujours petites et humbles, sans attache à aucune frivolité.*

*
* *

Une cruelle maladie épidémique sévissait à Langourla, au village de la Ville-Gilles. L'épouvante régnait, et les malades, complètement délaissés, succombaient.

Après avoir vainement sollicité du secours près de l'autorité gouvernementale, M. le Recteur de Langourla et M. le vicomte de la Guibourgère, gendre de Mme la comtesse de Lanascol, vinrent demander, à la Révérende Mère, deux Sœurs pour secourir cette grande infortune.

Notre bonne Mère n'avait point l'habitude de consulter les Sœurs au sujet de leurs obédiences; pour ce cas tout exceptionnel, elle ne voulut rien imposer.

Appelant deux infirmières, Sœur Saint-Placide et Sœur Saint-Damase, elle leur dit la triste situation et leur demanda si, *volontiers*, elles iraient donner leurs soins à ces malades abandonnés.

Les deux chères Sœurs acceptèrent avec grand dévouement. A l'instant même, elles partirent et couchèrent à Coëlan, chez Mme de Lanascol; le lendemain, après avoir entendu la sainte Messe, elles se rendirent au Carpont, près de la Ville-Gilles. Mme la comtesse de Lanascol leur avait remis l'argent nécessaire pour leurs dépenses personnelles et pour l'achat des remèdes nécessaires aux malades.

Seuls, les Prêtres visitèrent les Sœurs pendant leur séjour au Carpont. Les personnes du voisinage s'effrayaient tellement de la maladie qu'elles ne parlaient que de loin aux Religieuses. Celles-ci déposaient leurs notes de demandes dans un panier qu'elles portaient dans un lieu convenu, assez loin du village contaminé, où les domestiques des bienfaiteurs venaient le prendre et le remettre; les Sœurs retournaient et trouvaient ce qu'on leur avait apporté. Pour elles, elles passaient tout leur temps auprès des malades, occupées à leur préparer aliments et remèdes. C'était grande pitié dans chaque maison...

M. l'Abbé Mignonneau, Aumônier de la Communauté, visita ces pauvres malades le 26 septembre et donna ses encouragements aux Sœurs. A midi, il prit son repas au Carpont, en compagnie des prêtres de Langourla.

Le 28, M. le Maire et son adjoint vinrent remercier les Sœurs des soins qu'elles prodiguaient à leurs administrés.

Sur soixante-trois habitants de ce village, dix seulement ne furent pas atteints par la maladie. Dix succombèrent. Mais à partir de l'arrivée des Sœurs, et quand les malades eurent les remèdes et les soins qui leur manquaient auparavant, on eut peu de morts à déplorer.

Les Sœurs infirmières rentraient le 13 octobre à leur Maison-Mère; elles l'avaient quittée le 16 septembre.

M. l'Abbé Rault, Recteur de Langourla, à peine revenu d'une sérieuse maladie dont il souffrait au départ des Sœurs, s'empressa de remercier la Révérende Mère d'avoir secouru ses paroissiens dans une telle épreuve. « Je suis convaincu, écrivait-il, que les Sœurs ont sauvé la vie à plusieurs, mais au prix de quels sacrifices!... Dieu seul peut récompenser un pareil dévouement. »

*
* *

Au cours d'une conférence à Langouhèdre, M. l'Inspecteur demandait aux instituteurs et aux institutrices de fixer les vacances de Pâques, selon leur choix, soit du mercredi saint au mercredi de Pâques, soit du lundi de Pâques au lundi de la Quasimodo.

Une ou deux Sœurs de Sainte-Marie eurent le grand tort d'indiquer une préférence pour la semaine de Pâques. C'était s'engager à faire la classe le vendredi saint et le samedi, par conséquent à ne pouvoir donner l'exemple de l'assiduité aux offices et à ne pouvoir se recueillir comme la sainteté de ces jours le comporte. C'était peut-être un engagement pour l'avenir.

En apprenant cette nouvelle, notre bonne Mère fut vivement peinée; et pour que ceci servît d'exemple, et autant que possible de réparation, un *Miserere*, suivi du *Parce, Domine*, fut chanté le mardi, 31 mars, à la bénédiction du soir.

Et la Révérende Mère écrivit aux Sœurs institutrices qui assistaient à la conférence de Langouhèdre; elle leur défendait de quitter leurs paroisses pendant toute la semaine de Pâques, pour expier cette faute, grave à ses yeux, et *qui la pénétrait de douleur.*

C'est ainsi que, dans l'âme de la Mère, une piété bien entendue s'unissait à une douce fermeté pour maintenir ses Filles dans l'accomplissement du devoir.

*
* *

La construction commencée l'an passé, maintenant terminée, devenait un édifice de bonne apparence, avec des salles nombreuses et spacieuses, toutes remplies d'air et de soleil.

Le 12 avril 1885, dimanche de Quasimodo, à l'issue de la messe paroissiale, Monseigneur Bouché bénit solennellement ce nouveau local destiné à l'école libre et chrétienne,

Au chant de l'*Ave, maris Stella*, M. le Curé avait amené processionnellement, jusqu'à la Communauté, toute la population broonaise.

Après l'adresse de M. l'Aumônier à Sa Grandeur, adresse que chacun écoutait dans le plus respectueux silence, Monseigneur remercia M. Mignonneau et dit à la foule attentive les bienfaits de l'éducation chrétienne et les maux causés par une éducation sans Dieu.

« *Si l'on chasse la croix par une porte*, dit-il, *la barbarie entre par l'autre.* »

Puis, Sa Grandeur aspergea d'eau bénite les murs extérieurs, parcourut tous les appartements qu'il bénit et plaça le Christ dans chacune des classes.

Pendant ce temps, les prêtres, les religieuses, les enfants et la foule chantaient des cantiques.

De retour près de l'autel improvisé, Monseigneur adressa quelques paroles de félicitation aux assistants; puis tous les genoux fléchirent et les fronts s'inclinèrent sous la main bénissante du premier Pasteur du diocèse.

Au repas qui suivit cette cérémonie, M. le Curé de Broons voulut bien porter un toast à Monseigneur l'Evêque et à la Communauté des Filles de Sainte-Marie, au nom des familles de Broons qui l'entouraient, au nom du clergé et de tous les ouvriers.

Cette table, en effet, réunissait la plupart des membres du Conseil municipal et quelques représentants des familles qui s'étaient montrées, dans le passé, sympathiques et dévouées envers notre Institut.

La Révérende Mère avait tenu à faire ces invitations en témoignage du reconnaissant souvenir gardé, par les Filles de Sainte-Marie, aux premiers bienfaiteurs de leur Congrégation naissante.

Il nous paraît intéressant de reproduire ici l'adresse de M. l'Aumônier et le toast de M. le Curé.

Adresse de M. l'Aumônier à Monseigneur Bouché.
(12 Avril 1885).

Monseigneur,

Je suis heureux d'exprimer à Votre Grandeur la reconnaissance sincère qui pénètre le cœur des Filles de Sainte-Marie pour l'honneur insigne qu'elles reçoivent en ce jour; et s'il est permis d'en juger à ce concours sympathique et empressé, je constate avec une douce émotion que cette gratitude n'est pas moins vivement ressentie par les fidèles de la paroisse.

Un tel accord dans le même sentiment ne peut surprendre : une alliance étroite, constante, vieille déjà de soixante années, unit la Congrégation des Filles de Sainte-Marie au fond de la population broonaise.

C'est au cœur de la cité que la famille religieuse a pris naissance, sous le souffle apostolique de son Curé, M. l'Abbé Fleury, d'impérissable mémoire, et dans le but exclusif d'instruire les enfants et de secourir les malades de la paroisse. C'est grâce à la bienveillance des habitants, à leurs bons offices soutenus, à leurs dons généreux (elle aime à le reconnaître), qu'elle a pu surmonter les difficultés de toute nature, surtout à la première phase de son existence. C'est de maisons broonaises recommandables par leurs vertus chrétiennes et leur heureuse influence, que sont issues les premières Religieuses : et la vénérée Mère Saint-Louis tout émue de la cérémonie de ce jour, à laquelle échut la belle et délicate mission de commencer l'œuvre et de veiller sur son berceau, et la Mère Saint-André qui préside à ses destinées depuis un demi-siècle bientôt, avec les marques visibles de la protection céleste ; et presque toutes les autres ouvrières de la première heure assez généreuses pour confondre leurs espérances et leur vie avec l'avenir incertain de la société naissante. Enfin c'est à Broons, son lieu d'origine, que la Congrégation a maintenu sa Maison principale et que les plus jeunes apprennent de leurs aînées, avec le culte du souvenir, la science du dévouement chrétien.

A tous ces titres, les Filles de Sainte-Marie vouent à cette paroisse un de ces attachements qui défient tout refroidissement, toute rupture. Avec le temps, il est vrai, et sous la haute direction des Evêques de Saint-Brieuc, elles ont élargi le champ de leurs œuvres, mais sans délaisser le pays qui reçut les prémices de leurs travaux. Entre autres services rendus à cette localité depuis le premier jour, elles se sont occupées de l'enfance et, j'oserai le dire, avec un zèle, une intelligence, un désintéressement d'un caractère peu commun.

Foncièrement religieuse, leur école, en jetant dans les jeunes âmes les germes des vertus chrétiennes, n'est peut-être pas étrangère à la conservation de l'esprit de foi, noble apanage de la paroisse. Habilement appropriée à tous les âges, elle a fourni l'instruction à tous les degrés de l'enseignement primaire, depuis la classe maternelle jusqu'au cours supérieur, et figuré avec avantages dans les rapports des inspecteurs et devant les juges d'examen. Libre, bien qu'unique dans la localité, elle s'est ouverte largement à la jeunesse, à l'enfant du pauvre comme à l'enfant de la famille aisée ; et jamais elle n'a pesé sur le budget de l'Etat ou de la commune, ni pour le traitement des maîtresses ou la rétribution des élèves indigentes, ni pour l'indemnité de logement ou l'entretien du matériel. C'est avec ces conditions véritablement exceptionnelles que cette école s'est toujours recommandée à la confiance des familles, et même, après le témoignage autorisé rendu naguère devant Votre Grandeur, j'ose dire, à la reconnaissance publique.

Le jour vint cependant que les Religieuses craignirent d'être entravées dans leur mission traditionnelle près de l'enfance, ou de voir une partie du jeune âge officiellement soustraite aux saines influences du christianisme. Alors venait d'être portée la loi de gratuité scolaire et se laissaient pressentir, à bref intervalle, les lois beaucoup moins inoffensives d'enseignement obligatoire et de neutralité religieuse. N'était-il pas possible, au moins à Broons, de conjurer le danger qui menaçait sourdement la foi de l'enfance? En faveur d'une localité, objet spécial de leur prédilection, les Filles de Sainte-Marie l'ont tenté par une offre aussi généreuse qu'engageante, faite avec l'adhésion du digne Pasteur de la paroisse et la haute approbation de leur Evêque, Monseigneur David.

A la condition de rester libres, tout en tenant lieu d'institutrices communales, elles proposent d'élever gratuitement toutes les enfants de l'âge scolaire, et de fournir à leurs frais, personnel de maîtresses, classes convenables, mobilier réglementaire : énormes sacrifices pour les Religieuses qui se changeraient clairement en économies considérables et certaines pour la commune.

Présentant de si beaux avantages, la proposition est acceptée de la Municipalité, le Conseil départemental y souscrit, enfin le Ministre de l'Instruction publique lui-même donne une réponse favorable. Broons n'a plus qu'à profiter de ce privilège, et sa cause religieuse est sauvée, ses deniers publics épargnés.

Mais il restait aux Filles de Sainte-Marie à tenir loyalement la parole donnée. Après avoir établi la gratuité complète, elles avisent à la construction de classes assez spacieuses pour abriter la jeunesse scolaire de cette commune importante.

Monseigneur, l'œuvre voit le jour ; et je ne crains pas de l'affirmer à Votre Grandeur devant cette assistance nombreuse, elle est née d'une affection ancienne et profonde pour les habitants de Broons et d'un engagement d'honneur tout à l'avantage de leurs intérêts les plus chers.

Votre Grandeur a daigné reconnaître le mérite de ce dévouement. En gage de sa faveur, Elle vient appeler, de ses bénédictions et de ses prières, la protection du Ciel sur la nouvelle maison d'école. Cette marque de haute bienveillance, Monseigneur, sera pour les Religieuses un précieux encouragement dans leurs œuvres de zèle, et pour cet établissement scolaire une douce espérance d'avenir et de succès.

H. MIGNONNEAU,
Aumônier des Filles de Sainte-Marie.

A Monseigneur l'Evêque et à la Congrégation de Ste-Marie.
(12 Avril 1885).

Monseigneur,

Votre Grandeur permettra sans doute au Pasteur de Broons de prendre la parole en cette belle fête scolaire, si joyeuse pour tous et si importante pour la paroisse confiée à sa sollicitude.

C'est pour vous dire en quelques mots, Monseigneur, au nom des bonnes et chrétiennes familles de Broons, si bien représentées ici par l'élite de leurs membres, familles dévouées de tout temps à la Congrégation de Sainte-Marie; au nom du Clergé de ce beau canton qui sait apprécier et honorer de ses respectueuses sympathies le zèle de ces dignes Religieuses dans leurs paroisses respectives; au nom, je puis bien le dire, des hommes éminents, nos bons voisins ici présents, toujours heureux de s'associer à toutes les œuvres qui méritent honneur et reconnaissance, c'est à tous ces titres que je viens offrir à Votre Grandeur notre vive et respectueuse gratitude.

Vous avez bien voulu, Monseigneur, malgré les nombreuses fatigues de votre laborieux apostolat, donner un témoignage éclatant de votre sollicitude épiscopale pour l'instruction et l'éducation foncièrement religieuses, un gage nouveau de votre paternelle et spéciale affection à votre Communauté de Sainte-Marie et à la paroisse de Broons :

Merci, Monseigneur, au nom de tous.

Votre Grandeur nous permettra d'associer en ce jour à notre reconnaissance la pieuse Congrégation dont vous êtes le père, l'inspirateur et le soutien. Ces saintes Filles se réjouissent aujourd'hui; elles sont heureuses de pouvoir offrir à leur paroisse d'origine cette magnifique école, et d'y continuer leur généreux dévouement à la jeunesse de Broons et des environs. Leur éloge est dans toutes les bouches et la reconnaissance au fond des cœurs...

P. JÉHAN,
Chanoine honoraire, Curé-Doyen.

*
* *

La Communauté possédait enfin de nombreux et vastes locaux pouvant réunir un grand nombre d'élèves, externes ou pensionnaires.

Aussi, à la distribution des prix du 26 juillet 1885, M. l'Aumônier eut-il la consolation d'annoncer pour le lundi 21 septembre l'ouverture d'un pensionnat.

La réorganisation de cette œuvre causa une véritable joie et devait réaliser un grand bien.

C'est à cette époque également que des tilleuls furent plantés dans la cour des classes. Quelques-uns grandirent vite et tempérèrent bientôt les rayons trop ardents du soleil d'été.

Au cours de ce mois de novembre, le 19, à sept heures et demie du soir, notre vénérée Mère Saint-Louis, première Religieuse et Fondatrice de la Congrégation de Sainte-Marie, rendait sa belle âme à Dieu après quelques heures de maladie, ayant reçu l'Extrême-Onction et l'indulgence de la bonne mort. Le matin de ce même jour, elle avait eu le bonheur d'entendre la Messe et de faire la sainte Communion.

Le dimanche 4 avril 1886, à sa conférence de dix heures, M. l'Aumônier engageait la Communauté à s'enrôler dans l'Œuvre de l'Apostolat de la Prière; il dit en quoi consiste cet Apostolat, ses moyens d'action et son organisation.

Inutile d'ajouter que chacune des Sœurs entra très volontiers dans cette ligue de prière et de réparation si utile pour les âmes, si agréable au divin Cœur de Jésus.

II

Un souvenir à nos Sœurs décédées. — 1880-1886.

Au cours de cette période, des deuils nombreux affligèrent le cœur si tendre de Révérende Mère Saint-André.

La Congrégation voyait avec bonheur doubler ses rangs; de pieuses jeunes filles, désireuses de se dévouer en se sanctifiant, venaient frapper à la porte du Noviciat et s'y former avec ardeur à la pratique des vertus religieuses et aux œuvres qui devaient leur permettre de procurer la gloire du bon Dieu et le salut des âmes.

Mais « la mort scelle et signe le livre presque toujours inachevé qu'on appelle la vie. »

On eût dit que le bon Dieu se hâtait de préparer, au Royaume des Elus, un groupe nombreux de Filles de Sainte-Marie, avant d'y appeler la *Mère* qui leur apprenait à marcher dans le chemin du devoir, en levant vers le Ciel un regard de confiance et d'amour.

Tous les âges fournirent un contingent nombreux et choisi. Nous rappellerons brièvement quelques-unes de ces chères disparues.

*
* *

Sœur Sainte-Blandine (H. Labbé), Novice, dirigeait l'école maternelle de Pédernec. Atteinte du typhus, dont elle ne devait pas guérir, cette bonne et pieuse Sœur prononça ses vœux et sourit au Divin Maître qui l'appelait. Elle fut inhumée dans le cimetière paroissial.

Sœur Saint-Raymond (V. Masson) fut une âme d'élite. De bonne heure, elle eut de l'attrait pour la vie religieuse, et les parents secondèrent les vues de la Providence en plaçant, dans notre Communauté de Plénée, leur enfant toute jeune encore. De là, elle vint au Noviciat où elle se fit remarquer par une tendre piété. Ses progrès dans la science furent rapides, ce qui lui permit de subir avec succès les épreuves du brevet supérieur. Elle donna, pendant quelque temps, le cours de français aux Novices qui préparaient leurs examens. Elle étudiait l'harmonium et révélait beaucoup de dispositions pour la musique. Une maladie de poitrine enleva cette chère Sœur après cinq années de souffrances.

Sœur Saint-Flavien (J. Mégret) témoigna d'un grand courage pour suivre sa vocation ; elle était fille unique et sa mère, veuve depuis longtemps, opposait de vives résistances à son entrée en religion...

Après avoir soigné les malades à la Maison-Mère, cette chère Sœur continua le même office, et avec grand dévouement, dans l'une de nos Maisons du Berry.

Atteinte de phtisie, elle eut la consolation de revenir à la Maison-Mère, où elle souffrit, sans repos ni trêve, pendant trois ans.

Jusqu'à la fin, cette pieuse Sœur sut s'occuper, et se rendit, même au prix de grandes fatigues, aux salles communes et aux exercices de Communauté.

Sœur Saint-Corentin (Marguerite Guyon) fut constamment un sujet de consolation pour ses Supérieures.

Peu de temps après son Noviciat, cette chère Sœur souffrit du mal qui devait trop tôt l'enlever à sa Congrégation ; elle n'en continua pas moins son emploi de directrice d'une salle d'asile à Louargat. Choisie bientôt pour diriger cette Maison, la jeune Supérieure se concilia l'estime de ses Sœurs par sa piété, sa régularité, son parfait oubli d'elle-même. Le deuil fut grand pour la Communauté et pour la population de Louargat, quand cette vraie Religieuse revint à la Maison-Mère. Un mois plus tard, elle rendait sa belle âme à Dieu.

Sœur Saint-Ernest (A.-M. Forgeoux) mourut dans la vingt-troisième année de son âge. Atteinte dès son Noviciat d'une maladie de poitrine, elle eut néanmoins la consolation de faire sa profession religieuse. Ses parents désirèrent qu'elle passât quelque temps près d'eux, espérant que l'air natal procurerait une amélioration. Tous les soins furent inutiles.

Notre chère Sœur vivait dans un abandon complet, joyeux même, à la volonté du bon Dieu. La pensée de la mort ne l'effraya jamais ; son calme était inaltérable ; en rendant le dernier soupir, elle souriait à ses Sœurs, à qui elle jetait cet appel suppliant : « Mais priez, mes Sœurs ; vous voyez bien que je vais mourir ! » Et, en effet, son âme candide passait entre les bras de son Dieu.

Sœur Sainte-Geneviève (Lucie Récan) avait perdu ses parents dès ses plus jeunes années ; elle dut à une Providence toute spéciale son entrée en religion et le bonheur de prononcer ses vœux. Nature ardente, elle se dépensait à l'instruction des Novices lorsqu'une maladie sérieuse se déclara. Notre chère Sœur la reçut ainsi que le recommande notre sainte Règle, comme un présent de la main de Dieu, et mit à se préparer à la mort l'ardeur qu'elle apportait en toute chose; aussi témoigna-t-elle la foi la plus vive et la plus entière résignation; son courage et sa patience ne se démentirent jamais. Elle pouvait rendre d'éminents services à sa Congrégation; en quelques mois elle succombait!

Sœur Saint-Léon (M. Dudal) mourut à la Maison-Mère, dans la cinquantième année de son âge et la vingtième de sa profession.

Nature ardente, elle se montra toujours d'un dévouement à toute épreuve. Rien ne la rebuta pour les soins à donner aux pauvres malades dans les paroisses où elle fut envoyée : Saint-Nicolas-du-Pélem, Perros-Guirec, Pédernec et Saint-Thonan.

Sœur Saint-Martin (M. Poirier) se distingua par un grand amour pour la Sainte Vierge. Elle attribuait à cette bonne Mère sa vocation religieuse et le choix qu'elle fit de notre Congrégation. Sa confiance en Marie redoubla pendant la longue et cruelle maladie qui mit fin à la pieuse existence de notre chère Sœur.

Sœur Saint-Léonard (F^{se} Rouxel) avait reçu du Ciel une nature simple et droite, une intelligence bien douée, une solide piété. Notre chère Sœur fit preuve d'un grand courage dans tous les emplois qu'elle eut à remplir.

Malheureusement, elle éprouva de bonne heure les atteintes d'un mal qui devait trop tôt la ravir à l'affection de ses Supérieures et de ses Sœurs. Ni les enfants ni les œuvres dont elle fut chargée n'en souffrirent jamais; on ne s'apercevait point qu'elle était à bout de forces, sinon dans les courts instants de repos que lui donnaient ses emplois.

Contraintes par les exigences de la loi sur l'enseignement, les Supérieures employèrent cette chère Sœur dans une classe alors que son état réclamait un repos complet; la dévouée Sœur avait prévenu leurs désirs en s'offrant à travailler encore. Quand son état devint plus grave, les lenteurs de l'administration dans le changement qui s'imposait obligèrent la malade de rester à son poste pendant plusieurs mois. Aussi ne revint-elle à la Maison-Mère, quand ses Supérieures eurent enfin la possibilité de la rappeler, que pour y rendre le dernier soupir, après avoir donné, une fois de plus, l'exemple d'un courage à toute épreuve et d'une véritable piété.

Sœur Sainte-Delphine (M. Le Feuvre) devint orpheline dès son bas âge. Néanmoins, elle gardait précieusement le souvenir des dernières volontés de sa mère, qui avait demandé que sa fille fût élevée dans une Communauté.

Plus tard, notre chère Sœur, devenue Religieuse, ne cessait de bénir Dieu de l'avoir rendue fidèle au vœu de sa mère mourante.

Nommée institutrice en sortant du Noviciat, elle sut se concilier l'estime de ses Sœurs et de ses élèves, par sa bonté, par son zèle pieux et dévoué. Malade depuis plusieurs années, elle resta néanmoins à son poste le plus longtemps possible; puis elle revint à la Maison-Mère, où elle édifia la Communauté par sa patience, sa reconnaissance et sa courageuse résignation.

Sœur Saint-Bernardin (Joséphine Lemoine) était Supérieure et infirmière à Plouasne lorsqu'une cruelle maladie l'enleva en deux jours. Notre chère Sœur eut le bonheur de se confesser et d'être administrée alors qu'elle possédait une pleine connaissance. Elle avait quarante-cinq années d'âge et vingt et une de profession.

Sœur Saint-Germain (M.-A. Bouée) mourut au Collège de Guingamp, le 27 avril 1883, et fut inhumée dans le cimetière paroissial.

Appelée jeune à la vie religieuse, notre chère Sœur résista aux sollicitudes de ses parents, de ses amis; et, dès l'âge voulu, sur les indications des Sœurs de Mers, elle entreprit seule le voyage de Bretagne pour entrer dans notre Communauté. Dès son Noviciat et les deux premières années de sa profession qu'elle passa à la Maison-Mère, elle se fit remarquer par sa droiture, sa simplicité et le plus grand désir d'être utile à sa Congrégation.

Envoyée à Guingamp, à l'Institution Notre-Dame, elle y donna toujours, comme infirmière (1871) et comme Supérieure (1877) entière satisfaction à MM. les Directeurs et à tout le Collège, par ses soins, son activité, sa bonne surveillance, en même temps qu'elle édifiait par sa piété. Elle vivait avec ses Sœurs dans une très grande union et charité, s'appuyant sur la Règle qu'elle faisait aimer et respecter, autant par ses exemples que par ses paroles; aussi la régularité fut-elle constamment en vigueur dans sa maison. Notre Sœur sut avertir avec fermeté et douceur, excitant toujours ses compagnes à ne chercher que Dieu seul en toutes choses.

Elle rendit de réels services à la Congrégation en se chargeant, sans que son emploi en souffrît jamais, de la surveillance des travaux de la maison Saint-Michel, y ajoutant celle du jardin et des terres, et la comptabilité, qu'elle tint avec une scrupuleuse exactitude et la plus grande déférence aux avis de ses Supérieures.

Quoique faible de santé, elle mena toujours une vie laborieuse, sans compter avec la fatigue quand il s'agissait de remplir ses devoirs ou de rendre service à sa chère Congrégation. C'est en soignant l'une de ses Sœurs gravement malade qu'elle fut atteinte du mal qui l'enleva en peu de jours.

Les regrets de M. le Supérieur et des Professeurs du Collège, la vénération qu'ils témoignèrent à notre Sœur pendant sa maladie et après sa mort, disent plus éloquemment que tout éloge l'estime que sa vertu leur avait inspirée.

Sœur Saint-Sosthènes (A.-M. Ménager) avait une tendre piété, un grand amour du devoir. Dieu la récompensa en lui aplanissant les sérieux obstacles qui s'opposaient à son entrée en religion.

Elle se dévouait avec le plus grand zèle dans tous ses emplois; ses Supérieures et ses Sœurs la trouvaient toujours disposée à leur rendre service.

Courageuse jusqu'au sacrifice de sa vie, elle l'offrit de grand cœur pour sa chère Congrégation quand vint la cruelle maladie qui l'enleva, en trois semaines, à l'affection et au respect des Sœurs et des Professeurs du Collège de Saint-Malo.

Sœur Saint-Augustin (A.-M. Bourdonnais) mourut le 23 décembre 1883, dans la vingt-neuvième année de son âge et la cinquième de sa profession. La foi, la piété, la simplicité, la confiance en Dieu de Sœur Saint-Augustin étaient remarquables. Ces vertueuses dispositions se manifestèrent surtout dans sa dernière maladie, par sa grande résignation, son abandon à la Providence et les saints désirs du Ciel dont elle soutint son courage, et particulièrement encore depuis l'heure où elle vit tout espoir humain perdu pour sa guérison. Alors elle ne songea plus qu'à se préparer au passage du temps à l'éternité. Elle sollicita instamment la faveur de prononcer ses vœux perpétuels. L'ayant obtenue, elle ne cessait d'en témoigner sa reconnaissance. Ses dernières paroles furent : « *Mon Dieu, venez me chercher!...* » Elle les répéta plusieurs fois.

Sœur Sainte-Marie-Bernard (Julie Mordel) attribuait à Notre-Dame de Lourdes sa vocation qui s'était manifestée chez elle dès sa plus tendre enfance. Pourvue des deux brevets de capacité pour l'enseignement primaire, elle se dévouait à l'avancement de ses élèves avec un zèle au-dessus de ses forces. Son état était désespéré quand on put l'arracher à sa chère école de Caulnes.

Pendant sa maladie, notre excellente Sœur parut tout absorbée en Dieu, qu'elle fit le confident de ses peines et de ses souffrances. Patiente, silencieuse et résignée, elle semblait indifférente à tout ce qui se passait autour d'elle ; mais sa délicatesse était grande, ainsi que sa prévenance pour les Sœurs qui l'assistaient et la soignaient. Dans son grand désir de s'unir à Dieu, elle fit une neuvaine pour hâter le moment de sa mort.

Sœur Saint-François de Sales (M. Ollivier) se laissa gagner à la piété dès ses plus jeunes années. D'un naturel bon et sensible, elle fit toujours le bonheur de ceux qui l'entouraient. Jamais elle ne contrista personne. Elle se laissa devancer en religion par une sœur plus jeune, retenue qu'elle était par sa famille. Mais la grâce l'emporta en cette âme bien préparée et notre chère Sœur sacrifia tout pour Dieu.

Bientôt atteinte d'une maladie de poitrine, elle continua néanmoins sa classe aussi longtemps que ses forces le lui permirent. Notre chère Sœur se fit remarquer par une soumission entière aux moindres recommandations des Supérieures. Modèle de patience et de résignation, au plus fort des souffrances elle jetait les yeux sur son Crucifix où elle semblait puiser de nouvelles forces pour souffrir. Comme récompense de tant de vertus, la Sainte Vierge n'aurait-elle point exaucé le désir de sa fidèle servante en l'appelant un samedi?

Sœur Saint-Colomban (Louise-M. Ollivier), qui était d'une complexion délicate, aggrava son état maladif pendant les travaux de réparation de son école maternelle de Saint-Maur. Elle revint à Broons avec l'espoir d'y retrouver force et santé, mais elle ne tarda pas à reconnaître l'inutilité des soins et des remèdes.

Elle fit généreusement son sacrifice; après avoir prononcé ses vœux perpétuels, elle reçut l'extrême-onction dans les sentiments de la plus tendre piété.

Sœur Saint-Maurice (M.-Th. Ramard) avait témoigné, dès ses plus jeunes années, une grande piété. C'est à la Sainte-Vierge qu'elle attribuait sa vocation religieuse.

Pendant son Noviciat, elle devint gravement malade. Craignant d'être obligée de rentrer dans le monde, elle pria la Reine du Ciel de lui obtenir la santé si elle la voulait pour sa Fille et vit peu à peu ses forces revenir.

Après avoir prononcé ses premiers vœux, le 13 août 1872, entre les mains de M. Frélaut-Ducours, Vicaire général, elle se dévoua dans les Collèges de Guingamp et de Neuilly-sur-Seine, jusqu'à Pâques 1883.

Sa dernière maladie fut longue et douloureuse ; la chère patiente s'encourageait à la souffrance par la prière et de pieuses lectures.

Deux ou trois jours avant sa mort, elle réclamait les prières de ses Sœurs pour l'aider à souffrir avec mérite. Une heure avant d'expirer, elle s'écria : « *Qu'on m'apporte le bon Dieu!... le bon Dieu !!!* » Elle jouit de ce bonheur et son âme fut présentée à Dieu le Père, par Jésus, le Divin Rédempteur.

Sœur Sainte-Cécile (M.-R. Le Gendre) avait, pour sa Congrégation, un ardent amour, qui se manifesta d'une manière frappante dans les dix dernières années de sa vie, passées à Plouasne : malgré ses grandes souffrances et un complet épuisement de ses forces, elle continuait sa classe qui comptait près de cent élèves.

Ses aimables réparties, sa franche gaieté la firent aimer de tous ceux qui la connurent. Rentrée à l'infirmerie qu'elle ne devait plus quitter, elle conserva jusqu'à la fin son énergie, le souvenir de ses chères enfants et son désir de leur être utile. Elle se soutint patiente et résignée par la force de la Sainte-Eucharistie; malgré sa grande faiblesse, elle ne perdit pas une de ses communions; une seule fois elle communia dans son lit, en viatique.

Elle avait passé sur cette terre soixante ans, dont trente et un de profession religieuse.

Sœur Saint-François (M. Lebranchu) décéda après quarante-cinq ans de profession.

Cette bonne Religieuse avait scrupuleusement suivi, dans le monde, la Règle des Sœurs du Sacré-Cœur et celle de Saint-François ; elle s'était aussi dévouée à l'instruction religieuse des enfants de sa paroisse.

Entrée au Noviciat dans les premières années de la Congrégation, cette chère Sœur se distingua par une ferveur très grande, un esprit de foi et de piété qui l'aidèrent à supporter les privations, à soutenir les fatigues inséparables du commencement de toute fondation.

Elle fut souvent employée auprès des enfants et elle eut à cœur de leur inspirer l'horreur des moindres fautes et un grand respect pour les choses saintes, prenant un soin spécial de faire apprendre et réciter parfaitement le catéchisme et les prières. Quant au saint office de la Sainte Vierge, qu'elle savait par cœur, elle le psalmodiait avec un accent qui édifiait.

Amie du travail et s'inspirant toujours de la sainte pauvreté, elle utilisait minutieusement toutes choses et ne perdait pas un instant. Sa foi, sa ferveur allèrent toujours croissant ; et, dans les dernières années de sa vie, elle semblait absorbée en Dieu durant sa prière et souvent aussi pendant ses travaux, entremêlés eux-mêmes de prières et de cantiques pieux en rapport avec les différentes fêtes de l'année.

La mort de cette chère Sœur fut l'écho de sa vie. Elle reçut les derniers Sacrements avec un calme parfait, et quelques heures après elle s'éteignait doucement pour « *aller au Ciel* », comme elle le disait souvent, « *voir le bon Dieu.* »

Sœur Sainte-Magdeleine de Pazzy (F^{se} Daniel) vécut soixante années, dont trente-six passées en religion.

Type charmant de la vraie Fille de Sainte-Marie, notre chère Sœur excellait surtout dans la piété.

Enfant, jeune fille, elle avait donné des preuves marquantes de cette piété ; aussi ses Directeurs n'hésitèrent pas à reconnaître chez elle une vocation religieuse. Novice, elle fut le modèle de ses compagnes et sut attirer les cœurs. Religieuse, elle n'a jamais trompé les espérances qu'on avait fondées sur elle. Elle a passé les dix-sept premières années de sa vie religieuse à la Maison-Mère, tantôt dirigeant les travaux à l'aiguille et secondant la maîtresse des Novices, tantôt ornant les autels ou préparant les objets qui servent à la célébration des saints Mystères. Sa piété lui rendait infiniment chères ces religieuses occupations.

Successivement Supérieure des Sœurs du Collège Saint-Pierre de Châteauroux, des Sœurs du Collège Sainte-Croix de Neuilly et de celles du Grand-Séminaire de Beauvais, elle a témoigné, dans ces postes délicats, un rare bon sens et un dévouement à toute épreuve.

Partout elle a laissé un délicieux parfum de suave piété, et nous devons en partie à sa douce influence plusieurs de nos établissements dans l'Oise.

Si cruelle que fût la maladie qui nous enleva cette chère Sœur, elle n'a jamais altéré un moment sa soumission à la volonté du bon Dieu. Cette digne Religieuse mourait dans la soixantième année de son âge et la trente-sixième de sa profession.

Sœur Sainte-Marie-Antoinette (M.-R. Le Falher) avait connu de lourdes croix. Notre bonne Mère Saint-André sut la comprendre et la consoler. Pendant les trente-deux années qu'elle a vécu parmi nous, Sœur Marie-Antoinette nous a constamment édifiées par ses vertus, surtout par son grand amour de la pauvreté, son oubli d'elle-même, son grand esprit de foi et d'obéissance.

La mort l'a trouvée debout, à quatre-vingts ans. A peine pouvait-elle marcher depuis quelque temps, mais elle voulait encore vaquer aux exercices communs; et, au premier son de la cloche, elle s'y traînait, n'y pouvant plus courir.

Le 26 juillet 1886, elle entrait en agonie vers huit heures du matin. Quand on lui dit qu'elle irait chez le bon Dieu le même jour que notre Mère Saint-André, un céleste sourire entr'ouvrit ses lèvres mourantes, un signe de tête marqua une joyeuse affirmation. En effet, vers neuf heures, elle s'endormait paisiblement dans le Seigneur, unique objet de son amour.

Nos chères Sœurs converses nous fourniront aussi de beaux exemples de vertu.

Sœur Séraphine (A.-M. Blot) avait puisé, au sein d'une famille chrétienne, une foi et une piété qui ne se démentirent jamais. Sa maladie fut longue et douloureuse, mais notre chère Sœur resta toujours courageuse et patiente. Elle soutenait ces heureuses dispositions par une grande union au bon Dieu et l'amour de la vie commune, dont elle suivit les exercices bien au delà de ses forces.

Sœur Marie-Françoise (R. Deslandes) fut une de ces âmes généreuses que suscita la divine Providence au début de la Congrégation. Vraiment pieuse, grandement désireuse de sa perfection, sincèrement attachée à tous ses devoirs, cette chère Sœur rendit de grands services. D'un dévouement sans égal, elle demandait souvent à prolonger son travail au delà du temps ordinaire et au delà de ses forces. Son courage la tint debout jusqu'à la dernière heure.

Sœur Marie-Joseph (M.-J. Briand) fit un fervent Noviciat, et ressentit bientôt les atteintes d'une maladie très grave; elle n'en continua pas moins des emplois fatigants. Envoyée au Collège de Guingamp, elle ne démentit point le courage dont elle avait donné, jusque-là, tant de preuves; mais sa maladie s'aggrava et résista à tous les remèdes.

Notre chère Sœur revint à la Maison-Mère et subit de longues souffrances avec grande patience et résignation.

Sœur Marie-Reine (J. Galopin) avait reçu du Ciel une nature active et généreuse et sut toujours en tirer bon profit.

Les travaux les plus humbles, les plus pénibles, elle les voulait; et avec quel dévouement, quels soins affectueux elle s'y employait!

Notre chère Sœur eût beaucoup souffert si une longue maladie l'eût arrachée à ses dures mais favorites occupations. Elle se brisa en tombant, du haut d'un grand marchepied, sur l'agenouilloir de la table de communion, au jour de la fête de Notre-Dame des Sept-Douleurs, et devant son autel, où elle reçut les derniers Sacrements. Ce jour, elle avait communié; et la veille, alors qu'elle se portait bien, elle avait dit à ses compagnes : « *Une Religieuse qui communie souvent doit toujours être prête à mourir.* »

M. l'Abbé FRÉLAUT-DUCOURS,
Vicaire Général de Mgr DAVID,
Supérieur de la Congrégation de Sainte-Marie
(1873-1883).

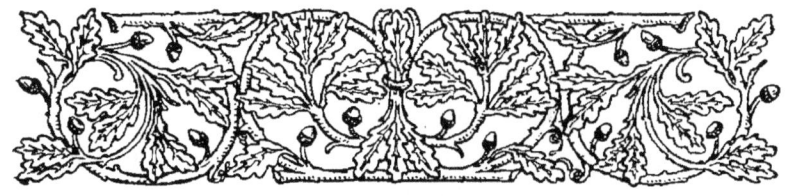

III

Décès de M. Frélaut-Ducours, ancien Vicaire général et Supérieur de la Congrégation. — Maladie et décès de Révérende Mère Saint-André. — 1886.

A mesure que la digne Mère approchait de son éternité, on remarquait en elle un détachement plus absolu de tout ce qui tient à la terre, une union plus intime avec le bon Dieu. Elle causait peu; sa conversation n'était-elle pas dans le ciel plus que sur la terre? Le Ciel! Son âme, depuis longtemps, y dirigeait toutes ses aspirations!!!

Dans les réunions de Communauté, ses instructions devenaient plus onctueuses encore que par le passé; elle trouvait des accents élevés qui pressaient les âmes de diriger toutes leurs aspirations vers l'éternité bienheureuse, de s'adonner avec toute la perfection possible à la vie intérieure, à la charité, au support mutuel.

Le 21 mai 1886, M. Frélaut-Ducours, ancien Vicaire général de Monseigneur David et ancien Supérieur de la Congrégation, rendait sa belle âme à Dieu, chez son frère, notaire à Lamballe, où il séjournait depuis le commencement du Carême.

Aussitôt, M. Ducours appelait, par dépêche, deux Sœurs de Sainte-Marie. Elles arrivèrent près du vénéré défunt ce même jour, vers onze heures du matin, et ne quittèrent la maison qu'après les funérailles.

Dans ces mêmes jours, la Révérende Mère envoyait une circulaire dans les fondations; elle annonçait aux Sœurs cette mort douloureuse et demandait, pour M. Frélaut-Ducours, les prières prescrites par la Règle en faveur du Supérieur ecclésiastique de notre Congrégation, charge que le regretté Vicaire général avait remplie, pendant neuf années, avec le plus grand dévouement, et qu'il eût continuée avec un zèle si désintéressé jusqu'à sa mort, si les circonstances avaient secondé ses désirs.

C'est le 28 avril 1873 que Monseigneur David nomma M. Frélaut-Ducours Supérieur de notre Congrégation. Ce prêtre éminent nous donna ses soins jusqu'à l'installation de Monseigneur Bouché, novembre 1882. Sa Grandeur prit elle-même la charge des Congrégations de son diocèse.

Le lundi 24 eurent lieu les obsèques de M. Frélaut-Ducours. A la messe d'enterrement, chantée à Lamballe, assistaient plus de cent vingt prêtres.

L'inhumation se fit à Sévignac. Quinze Religieuses de Sainte-Marie étaient présentes à la cérémonie funèbre de Lamballe, et un plus grand nombre à Sévignac. Elles se rendirent encore nombreuses au service d'octave fixé le 2 juin.

Malgré son âge et son état de grande faiblesse, la Révérende Mère voulut assister à ce service.

Les Sœurs réunies à la Communauté de Sévignac remarquèrent, avec une indicible peine, l'altération des traits de leur vénérée Mère et pressentirent qu'un douloureux sacrifice se préparait pour la Congrégation.

A la prière de M. le Recteur de Sévignac, trois Sœurs avaient été envoyées pour travailler à la décoration de son église. La Révérende Mère s'estimait heureuse de prêter son concours pour honorer la mémoire du vénérable et si regretté défunt.

Aux prières recommandées par la Règle et par la circulaire de la Révérende Mère, un *De profundis* fut ajouté, pendant deux mois, aux prières du matin et du soir, pour M. Frélaut-Ducours, dont le nom continua d'être cité, devant la Congrégation réunie, jusqu'à l'anniversaire, avant le *De profundis* récité aux intentions des fidèles défunts en général.

Le coup de la mort du vénéré M. Ducours retentit douloureusement dans le cœur de la Révérende Mère Saint-André ; et, malgré sa foi toujours si résignée en semblables circonstances, on put voir combien elle ressentait vivement cette perte.

*
* *

Au commencement de juin, la Mère générale se trouvait à Saint-Brieuc : ce fut son dernier voyage, et elle y jouit d'une douce consolation. Le 8 juin, elle s'entretenait avec le Supérieur du Grand-Séminaire, représentant de Monseigneur l'Evêque ; et Sa Grandeur approuvait le traité qui établit des Sœurs de Sainte-Marie pour le service de la lingerie, de la pharmacie et de la cuisine du Grand-Séminaire de Saint-Brieuc.

Les Sœurs s'y rendirent le 31 juillet.

Cette fondation, commençant au lendemain des obsèques de la Révérende Mère Saint-André, laissera un impérissable souvenir dans les Annales de la Congrégation et dans le cœur des Filles de Sainte-Marie appelées à se dévouer pour cette œuvre diocésaine si éminemment catholique et attirante pour des âmes de Religieuses.

⁎

A son retour de Saint-Brieuc, la Révérende Mère éprouvait quelque fatigue, ce qui ne surprit personne tout d'abord.

Mais bientôt, c'était le 13 juin, fête de la Pentecôte, les Sœurs constatèrent avec une vive peine que leur bien-aimée Supérieure tombait dans un affaissement général de mauvais augure : de cette nature si riche, si bien douée, seule l'intelligence allait rester intacte.

Le 14, elles appelaient, de Saint-Brieuc, M. le docteur Frogé.

Dans la dernière quinzaine de ce mois, deux lettres-circulaires apprenaient aux Sœurs des fondations cette situation inquiétante, et recommandaient de nombreuses et ferventes prières.

Le 2 juillet, la Mère Assistante sollicita, pour la Révérende Mère dont l'état s'aggravait, la bénédiction de Monseigneur l'Evêque de Saint-Brieuc. Le lendemain, à huit heures, Monseigneur envoyait, de Cauterets, ce télégramme :

Accordons affectueusement paternelle bénédiction.

Le dimanche 4 juillet, à six heures du matin, la vénérée malade reçut le Saint Viatique et, à la fin de la messe, le sacrement de l'Extrême-Onction.

Aussitôt, la Mère Assistante transmit à la Congrégation des détails sur la douloureuse et si importante cérémonie qui venait de s'accomplir.

« *Broons, 5 juillet 1886.*

» Mes chères Sœurs,

» Notre silence vous indiquait que le mieux survenu dans l'état de Notre Révérende Mère persistait et que notre espoir n'était pas trompé.

» Nous sommes à nouveau contraintes de faire appel à vos prières.

» Si l'intelligence de notre malade vénérée reste parfaite, les forces physiques diminuent visiblement, et le langage du médecin nous donne lieu de redouter un dénouement bien cruel et peut-être rapproché.

» Redoublons de prières, soit pour conjurer le danger, si telle est la volonté de Dieu, soit pour attirer avec abondance, sur notre bonne Mère, les grâces suprêmes de miséricorde et de salut. Dans ces tristes circonstances, nous avons recommandé des messes dans plusieurs sanctuaires privilégiés : à Sainte-Anne d'Auray, à Notre-Dame des Victoires, à Montmartre, à Notre-Dame d'Espérance, à Notre-Dame de Bon-Secours, etc.

» Nous avons aussi sollicité, de notre Supérieur ecclésiastique, Monseigneur l'Evêque de Saint-Brieuc, une bénédiction toute spéciale que Sa Grandeur s'est empressée d'envoyer. Nous avons convoqué les Conseillères en fondation.

» Dans la crainte d'être surprise, Notre Révérende Mère a voulu recevoir les derniers Sacrements, qui lui ont été administrés hier, 4 juillet, solennité de saint Pierre et de saint Paul.

La cérémonie s'est faite le matin : pour le Saint Viatique, avant la messe de Règle; pour l'extrême-onction et l'indulgence de la bonne mort, aussitôt après la messe.

» A cause de l'exiguïté du local, les Sœurs Conseillères seules étaient entrées dans la cellule de la chère malade; dans la chapelle se tenait la Communauté, prévenue par M. l'Aumônier, et s'associant d'esprit et de prières à l'émouvante cérémonie.

» Quelles émotions, en effet, avant la réception du Saint Viatique, d'entendre notre Révérende Mère renouveler d'une voix qu'elle essayait de rendre ferme, les actes de foi, d'espérance et d'amour au Dieu qu'elle n'a cessé de servir depuis sa première jeunesse! Et après la sainte Communion, quelle consolation pour nous de savoir qu'elle allait prier pour notre Congrégation tout entière et chacune de ses Filles, demandant pour sa famille religieuse l'esprit d'union et de concorde, ciment nécessaire de toute société; et, pour chaque Sœur, l'observation constante des vœux et des règles, conditions essentielles de persévérance et de perfection.

» Comment n'aurions-nous pas été touchées jusqu'aux larmes lorsque, avant la cérémonie de l'extrême-onction, Notre Mère nous demanda humblement pardon des mauvais exemples qu'elle nous avait donnés et déclara qu'elle mourait n'ayant pour chacune de nous que des sentiments de tendre charité !

» Enfin, après l'indulgence de la bonne mort, lorsque M. l'Aumônier, en notre nom, l'eut remerciée de sa tendre sollicitude pour notre Congrégation, et lui eut demandé de bénir les membres actuels et futurs de la Société, avec quel attendrissement n'avons-nous pas reçu cette bénédiction suprême ! De retour à la chapelle, M. l'Aumônier l'a transmise à la Communauté; nous vous la transmettons à notre tour.

» Puisse cette bénédiction solennelle et peut-être dernière nous accompagner et nous porter bonheur ! Puissent les dernières recommandations qu'avant de nous quitter, notre Mère a faites au Ciel, rester toujours gravées dans notre mémoire, pour la garde de notre chère Congrégation, le succès de ses œuvres charitables et la perfection de ses membres !

» Malgré la gravité de la situation, ne perdons pas espoir. C'est quand la science humaine hésite et est impuissante que triomphe la grâce de Dieu, appelée par les prières ferventes des cœurs justes et droits... »

***

Les forces diminuaient sensiblement; à chacune de ses visites, le docteur le constatait avec regret : la lampe s'éteignait peu à peu, faute d'huile.

Dans le commencement de juillet, selon les prévisions humaines, il ne restait plus que quelques jours de vie. On comprend la désolation des Religieuses, qui redoutaient à chaque instant le dénouement fatal.

Autres étaient les pensées de la malade. En paroles voilées, car elle conservait très vive cette délicatesse qui porte à diminuer toute peine, elle disait parfois, sans rien perdre de sa douce placidité et comme se parlant à elle-même : « *Ce sera pour la fête sainte Anne.* »

Petite grotte de Sainte Anne, dans l'enclos de la Communauté.

Il restait encore trois semaines avant cette date indiquée; et l'on se demandait : « Que signifient ces paroles? Est-ce en ce jour, célébré chaque année par la malade avec une si tendre ferveur, que le Ciel doit exaucer nos prières et rendre la santé si ardemment sollicitée? »

Hélas !!! On comprendra bientôt que la vénérée malade, en précisant à l'avance le terme redouté (qu'elle connut, on peut le penser, par une vue spéciale de l'avenir), prenait elle-même le soin de préparer, à l'inévitable séparation, ses Filles dont elle pressentait la douleur et l'accablement.

« Quand les Religieuses âgées la visitaient, raconte une Sœur qui en fut souvent le témoin édifié, l'humble malade, attentive à saisir les occasions de se sanctifier davantage leur demandait pardon des peines qu'elle avait pu leur causer. « *Si toutefois je vous ai contristées*, avouait-elle, *c'est que mon devoir, ma conscience le demandaient.* »

» C'étaient, de part et d'autre, de religieux et bien édifiants entretiens... »

Pendant les six semaines que dura sa maladie, notre digne Mère continua, comme au cours de sa vie entière, d'édifier par la pratique de toutes les vertus, et spécialement de la conformité à la volonté du bon Dieu, de l'humilité, de la patience.

« *La conformité à la volonté du bon Dieu*, avait-elle répété souvent au cours de sa laborieuse carrière, *c'est toute la perfection.* »

Maintenant qu'elle va paraître devant le Souverain Juge, elle semble arrivée à l'abandon complet entre les bras de la divine Providence.

Elle savait sa fin prochaine. « *Que la volonté du bon Dieu soit faite* », répétait-elle souvent. Et parfois elle ajoutait : « *Ma tâche est finie.* »

Un jour, on la priait de signer une pièce officielle pour laquelle personne ne pouvait remplacer la Supérieure générale; en séant sur son lit, elle signa, non sans peine; puis, laissant tomber la plume : « *Ma tâche est finie*, dit-elle... *A d'autres maintenant...* »

Elle ne semblait pas exprimer un regret ; elle constatait un fait.

Malgré ses grandes souffrances, jamais un mot de plainte n'effleura ses lèvres, qui gardèrent toujours le paisible sourire du juste, reflet des célestes espérances de l'âme. *In te, Domine, speravi, non confundar in æternum.*

Les infirmières usaient des plus délicates attentions, ce qui n'empêche pas que, de leur avis, elles lui occasionnaient parfois de douloureuses angoisses.

Un jour, entre autres, elles la replaçaient péniblement sur son lit après l'avoir redressé ; leurs bras manquèrent de force et la malade retomba de tout son poids. Profondément affligées : « Oh ! notre Mère, lui dirent-elles un instant après, comme nous vous avons fait souffrir ! — *Non, mes Sœurs*, répondit doucement la Mère ; *ce n'est rien, c'est bien !* »

Elle laissait toute latitude pour les remèdes à prendre, les soins à recevoir ; elle ne demandait rien, ne refusait rien, toujours trouvait que c'était *bien, très bien, trop bien, trop de soins...*

Lui parlait-on des prières ardentes offertes par toutes ses Filles, par de nombreux bienfaiteurs et amis de la Congrégation pour obtenir la prolongation d'une existence si chère, elle écoutait paisiblement. « *Je ne refuse pas le travail... A la volonté du bon Dieu !!! Mais, ma tâche est finie...* »

Que de fois, au cours de sa fatigante existence, elle dut répéter, avec le doux saint François de Sales, son saint de prédilection : « A cause des biens que j'attends, les travaux me sont passe-temps. »

L'heure du repos allait sonner pour la généreuse Servante ; Jésus s'apprêtait à couronner son Epouse humble et fidèle que la double touche de la souffrance et de l'amour continuait sans cesse de purifier et d'embellir.

La Mère Assistante tenait au courant de cette pénible situation Monseigneur notre Evêque, qui témoignait un vif intérêt à la vénérable malade.

Au 20 juillet, Sa Grandeur écrivait :

« Veuillez bien dire à la Révérende Mère générale que je prends part à ses souffrances et que je demande à Dieu de les adoucir, en lui accordant ses grâces les plus précieuses.

» Je lui envoie de nouveau mes bien affectueuses et paternelles bénédictions... »

Nous l'avons dit précédemment, des messes nombreuses étaient demandées aux sanctuaires les plus vénérés de notre pays. Un voyage à Lourdes fut promis par la Mère Assistante ; des neuvaines de prières se succédaient sans interruption à la Maison-Mère et dans les fondations.

M. le Curé de Neuvy-sur-Barangeon envoya, pour notre Révérende Mère, une médaille bénite et indulgenciée à la Salette. De toutes les succursales arrivaient à la Maison-Mère, de la part du Clergé et des Bienfaiteurs, les témoignages de la plus vive sympathie et l'assurance de prières nombreuses qui s'unissaient aux nôtres pour notre chère malade.

Mais l'heure de la récompense avait sonné...

Il semblait que sainte Anne voulût venir elle-même chercher cette belle âme, pour terminer dans les joies du ciel sa fête commencée dans les épreuves de la terre.

Transcrivons, en partie, la lettre-circulaire du 27 juillet :

« Acceptons avec une religieuse résignation la volonté de Dieu qui, dans ses desseins insondables, ne s'est pas rendue aux vœux de ses enfants.

» Notre Très Révérende Mère Supérieure générale, Mère Saint-André, a succombé le 26 juillet, à sept heures et demie du matin, à la maladie qui nous inspirait des craintes trop fondées.

» Elle entrait en agonie durant la messe de Communauté qu'on célébrait à son intention en l'honneur de sainte Anne, sa patronne. Peu après, elle expirait, entourée des Sœurs agenouillées à son chevet et récitant, avec M. l'Aumônier, le saint Rosaire.

» Que nos plus ferventes prières suivent, dans son éternité, notre Mère très vénérée. N'est-ce pas pour chacune de nous un devoir sacré de piété filiale et de reconnaissance ? Nous veillerons donc religieusement à ce que les prescriptions de notre sainte Règle soient remplies le plus tôt possible, c'est-à-dire que, de la part de chaque fondation, trois messes soient recommandées, et que chaque Sœur fasse dix communions pour le repos de l'âme de notre très regrettée Supérieure générale.

» Prions aussi pour notre chère Congrégation, afin que dans des circonstances aussi douloureuses et aussi critiques, le Seigneur daigne jeter sur elle un regard de paternelle bonté ; et méritons, par un redoublement de ferveur et une pratique encore plus exacte de tous nos devoirs, que Dieu daigne exaucer nos supplications pour l'avenir de notre société... »

Dans cette salle *Saint-Basile*, si souvent témoin des entretiens pieux et des joyeuses récréations de la sainte Supérieure, fut préparée une chapelle ardente; ornée de tentures blanches et de verdure, elle rappelait l'innocence et l'éternelle résurrection.

Au milieu (tête à la cheminée) se trouvait le lit de repos où la vénérée défunte semblait jouir d'un paisible sommeil, depuis le lundi matin, moment de sa mort, jusqu'au jeudi suivant, jour des funérailles.

Pendant ce temps, une foule continuelle vint s'agenouiller près de celle que chacun vénérait; beaucoup firent toucher leurs chapelets à ces mains glacées par la mort...

*
* *

Nous rappellerons encore deux souvenirs.

Vers la fin de juin, alors que la Révérende Mère gardait la chambre depuis deux semaines environ, mourut Mère Sainte-Madeleine, Religieuse qu'elle avait toujours beaucoup aimée à cause de ses éminentes vertus.

Avec le désir d'épargner à la chère malade une pénible émotion, on voulait lui cacher ce deuil; elle donnait si faible attention à tout ce qui se passait qu'on avait chance de réussir.

Mais entendant sonner les glas, elle interrogea, et il fallut révéler toute la vérité.

Elle resta pensive et s'unit de cœur à la messe d'enterrement, dont elle parut suivre avec attention toutes les parties.

Quand les Sœurs, sur deux rangs, sortirent de la chapelle pour se rendre au cimetière, notre vénérée Mère, malgré sa grande faiblesse, se leva de son fauteuil, alla s'appuyer à la fenêtre et contempla tristement le funèbre cortège.

Bientôt vint la châsse portée, selon la coutume, par quatre Religieuses, et revêtue du modeste drap mortuaire.

« *A bientôt, ma bien-aimée Sœur* », dit la vénérée malade en essuyant une larme.

En effet, quelques semaines plus tard, elles se rejoignaient au pied de l'Eternel.

*
* *

« Au cours de la dernière maladie de Révérende Mère Saint-André, écrit une Sœur, j'étais en fondation.

» Nous avons eu le bonheur, ma Supérieure et moi, de la voir, de lui parler à la Maison-Mère.

» C'était un dimanche, pendant les vêpres, alors que toute la Communauté se trouvait à la chapelle; seule, Sœur S... veillait près de notre vénérée malade. Celle-ci, oubliant sa grande faiblesse et ses souffrances, s'oubliant elle-même, s'occupa de nous, de nos emplois, comme elle le faisait avant sa maladie.

» Nous nous sentions fort émues, nous refoulions péniblement des larmes trop justifiées.

» Le moment de la séparation venu, c'est le sourire sur les lèvres qu'elle nous dit :

« *Adieu, mes Filles...* »

La mort ne tarda pas. Nous pleurions notre si regrettée Mère, et, pendant un mois, ce fut, dans toute la Communauté, un silence mêlé de prières et de larmes.

Le jour de ma profession, 26 août, eurent lieu les premiers chants à notre chapelle.

Nous étions ses dernières Filles : c'est dans sa chambre qu'après avoir prié, à genoux, on nous remit la médaille de la Congrégation... »

TABLE DES MATIÈRES

PREMIÈRE PARTIE

Pages.

I. Mlle Marie-Anne Petibon. — Ancêtres. — Enfance. — Education. — Séjour dans sa famille jusqu'à 25 ans. — 1810-1835.................................... 1

II. Postulante. — Novice. — Professe. — Institutrice. — Infirmière. — Maîtresse des Novices. — 1835-1838 13

DEUXIÈME PARTIE

SUPÉRIORAT GÉNÉRAL — PREMIÈRE PÉRIODE (1838-1860)

I. Elections. — Situation précaire. — Autorisation gouvernementale. — Noms de famille remplacés par noms de religion. — Classes et pensionnat. — Etablissement d'un Chemin de Croix. — Années de disette. — Améliorations diverses. — 1838-1850. 29

II. Réélection de Révérende Mère Saint-André. — Première visite de Monseigneur Le Mée. — Revision de la Règle. — Essai pendant un an. — Examen et approbation par Monseigneur. — Costume donné aux postulantes. — Archiconfrérie de Notre-Dame des Victoires. — Visite canonique. — Elections. — Retraite à Quimper. — Décès du Révérend Père fondateur. — M. l'Abbé Réhel. — 1843-1850 45

Pages.

III. Premières fondations : 1° dans les paroisses environnant la Maison-Mère, 1844-1860 ; 2° dans quelques autres diocèses de France, 1853-1860............ 67

IV. M. l'Abbé Boutrais. — M. l'Abbé Joseph Lemée. — Construction d'une Aumônerie. — Dogme de l'Immaculée-Conception. — M. l'Abbé François Lemée. — Décès de Monseigneur Le Mée. — Lourdes. — 1850-1860................................. 79

TROISIÈME PARTIE

Supériorat général — Deuxième période (1860-1880)

I. Castelfidardo. — Visite de Son Eminence le Cardinal Donnet. — Construction de la maison Saint-Joseph. — Décès de Monseigneur Martial. — M. Olivier, vicaire général, nommé Supérieur ecclésiastique. — L'orphelinat cesse d'exister. — Etudes. — Suppression du pensionnat. — L'Année « *terrible* ». — 1860-1871................................. 91

II. Un souvenir à nos Sœurs décédées. — Nouvelles fondations. — 1860-1880................................. 121

III. M. Lemée nommé Chanoine honoraire. — Pèlerinage à Sainte-Anne-d'Auray. — M. Frélaut-Ducours nommé Supérieur ecclésiastique. — M. Lemée remplacé par M. Mignonneau. — Erection d'un Chemin de Croix. — M. l'Aumônier à Rome. — Médaille de la Congrégation. — Pèlerinage à Lourdes. — 1872-1876................................. 131

IV. La Révérende Mère et la Maîtresse des Novices à Rome. — Reliques de Saint Prosper. — Monseigneur David à la Communauté. — Conférences aux jeunes Professes. — Première fête solennelle du Saint-Sacrement. — Décès de Pie IX. — Avènement de Léon XIII. — Deux retraites religieuses. — Elections. — Noces d'Or de la Mère Fondatrice. — Soins donnés à l'instruction. — Cours de littérature. — M. le Supérieur malade à la Communauté. — Agrandissement du cimetière. — Fête patronale. — 1877-1880................................. 149

QUATRIÈME PARTIE

Supériorat général — Troisième période (1880-1886)

Pages.

I. M. l'Abbé Jéhan, Curé de Broons. — Règle revisée et imprimée. — Classes de la Maison-Mère : *gratuites, libres, tenant lieu d'école communale*. — Décès de M. Lemée et de Monseigneur David. — Dernier voyage de Révérende Mère dans l'Ile-de-France et en Berry. — Nouvelle cloche bénite par M. Frélaut-Ducours. — Elections. — Première visite de Monseigneur Bouché. — Construction de locaux scolaires. — Noces d'Or de Mère Sainte-Gertrude. — Deux Sœurs soignent les cholériques. — Bénédiction des nouvelles classes. — Décès de Révérende Mère Saint-Louis, Fondatrice. — Œuvre de l'Apostolat de la Prière. — 1881-1886 185

II. Un souvenir à nos Sœurs décédées. — 1880-1886...... 211

III. Décès de M. Frélaut-Ducours, ancien Vicaire général et ancien Supérieur de la Congrégation. — Maladie et décès de Révérende Mère Saint-André. — 1886 225

IMPRIMERIE OBERTHUR, RENNES (2812-09)

www.ingramcontent.com/pod-product-compliance
Lightning Source LLC
Chambersburg PA
CBHW070616170426
43200CB00010B/1810